A. MARNALDI

A la Recherche

D'UNE

Société Meilleure

Prix : 2 francs

PARIS

JOUVE & Cie, ÉDITEURS

15, RUE RACINE, VIe

1919

A la Recherche
D'UNE
Société meilleure

A. MARNALDI

À la Recherche

D'UNE

Société Meilleure

PARIS

JOUVE & Cie, ÉDITEURS

15, RUE RACINE, VIe

—

1919

AVERTISSEMENT

Cette étude n'est pas née de la guerre mondiale ; elle était prête pour la publication lorsque l'ouragan se déchaîna ; le moment opportun était passé.

Elle n'a subi aucune modification ; seul, un dernier chapitre y a été ajouté.

A. M.

PRÉFACE

Depuis longtemps frappé et profondément attristé des maux qu'engendrent et perpétuent chez les humains l'*égoïsme* et l *intolérance*, sans cesse obsédé par la pensée de contribuer un jour, dans la mesure de mes modestes moyens, aux efforts tentés pour ramener sur cette terre un peu plus de *fraternité*, j'essayai de jeter successivement sur le papier les idées qui me paraissaient les plus propres à régler les relations entre les membres d'une même collectivité et, conjointement, je me plus à recueillir, au cours de mes nombreuses lectures, l'essentiel des passages les plus saillants sur les questions sociales, lesquels reflétant bien mon sentiment, sous une forme que je ne saurais égaler, me semblaient de nature à fortifier ma thèse au plus grand profit du lecteur.

La présente étude est la réunion et la coordination de toutes ces notes dont je me suis efforcé de faire en quelques pages un ensemble homogène, résumé de mes convictions.

Elle est donc, en partie, œuvre de compilation. Je ne redoute pas ce mot : la sorte de dédain qu'on y attache ordinairement m'a toujours semblé une grande injustice. Quoi qu'il en soit, il n'en est pas moins vrai que ceux, épris du même idéal, mais ne jouissant pas des loisirs indispensables aux longues recherches, qui me feront l'honneur de me lire, pourront, en quelques heures, s'assimiler le résultat condensé et ordonné de plusieurs années de lecture et de méditation.

Afin de ne pas alourdir le sujet ni fatiguer l'attention par de nombreux renvois, j'ai osé me dispenser des citations dont je n'ai, du reste, pas conservé trace.

Sans contester le poids qu'apporte à une assertion l'autorité d'un nom, je considère cependant que le plus essentiel n'est pas de savoir qui a dit ceci ou cela, mais que la chose réellement importante est de s'assurer que les opinions et les idées exprimées sont justes.

Je n'ignore pas commettre en ceci une infraction tout à fait inusitée à l'usage ; j'ai cependant l'espoir qu'elle me sera peut-être tolérée lorsque j'aurai dit que, restant inconnu, je ne cherche à tirer aucun profit matériel de ce travail dont le but est uniquement philanthropique.

Juin 1914.

A. M.

A la Recherche d'une Société meilleure

C'est l'intelligence par la compassion, ou plus précisément par la sympathie, qui aide aux hommes à vivre en société d'une façon à peu près supportable.

INTRODUCTION

Comment faire régner la paix parmi les hommes ?

Dès qu'ils sont réunis pour un objet quelconque, ils trouvent le moyen de se quereller.

La vieille sagesse disait : « Qui terre a guerre a ». Il n'est même pas indispensable d'avoir une terre pour avoir la guerre. Les hommes se battent ou se disputent, avec une naturelle férocité, pour prendre ce qui ne leur appartient pas. Mais ils se heurtent, s'offensent et se blessent pour rien, pour le plaisir. C'est pour ce motif qu'ils ne peuvent pas discuter posément les sujets, même les moins excitants. Ils usent tout de suite de l'argument personnel et se jettent du premier bond en pleine intolérance. Ce sont là les formes un peu adoucies et prudentes de la violence et de la voie de fait. Mais l'instinct persiste. Il n'a pas beaucoup changé depuis le temps des cavernes.

Faut-il donc désespérer de changer l'homme lui-même ?

Est-il interdit à tout jamais au raisonnement de venir à bout de l'instinct ? Je ne puis me résoudre à cette affligeante perspective.

Que penseriez-vous d'une assemblée de prisonniers condamnés à un prochain et dernier supplice, qui passeraient le temps de leur détention à se quereller et à se battre ? Ces gens sont insensés diriez-vous, avec raison. Eh bien ! n'est-ce pas là le spectale qu'offre l'humanité aux yeux de l'observateur philosophe ?

L'homme devant vivre en société dont la famille, cellule sainte, sera toujours la pierre angulaire, le bonheur humain ne peut pas exister hors de la solidarité familiale qui est la base la plus solide de tout progrès ; c'est un fait quasi universel.

Après la famille vient la Cité, puis l'Etat. Notre étude n'a pas la prétention de modifier ces antiques assises de nos institutions qui ont reçu la consécration des âges.

Nous nous proposons seulement pour but, par l'examen des questions qui nous divisent, de développer une compréhension plus ferme et plus étendue de la bonté et de la solidarité humaines. Et notre plus haute ambition serait de parvenir à l'inculquer dans les esprits et dans les cœurs.

DE LA NATURE
ET DE LA CONDITION HUMAINES

Plus se dévoilent les mystères de l'astrono-
mie, plus pénètre en nous le sentiment de
l'espace infime que tient la Terre dans l'immensité de l'Univers.

Si la Terre est si peu de chose, qu'est-ce donc
que l'homme qui en est lui-même une si minime
partie ?

Un petit être fragile, passager, pourvu de
quelques sens imparfaits, promenant pendant
quelques instants sa pauvre existence sur un
imperceptible grain de poussière, flottant dans
l'immense machine qui l'écrase sous l'infinité
de sa grandeur et de sa durée.

Nous ne sommes qu'une pauvre humanité
dirigée et tourmentée par des forces mystérieu-
ses, des fatalités qui jouent avec notre cerveau
et notre cœur, qui nous rendent, à leur gré,
géniaux ou fous, divins ou criminels.

Ces considérations sur notre infime condition

nous écartent de la vanité et nous ramènent à la modération et à la sagesse ; elles nous enseignent que seules sont raisonnables et clairvoyantes la bonté, la pitié, l'indulgence infinie des hommes pour les autres hommes.

L'animal vit dans l'ignorance; l'homme seul connaît son infortune ! Devant l'insondable inconnu de notre destinée, n'allons-nous pas, enfin, angoissés par les mêmes mystères, nous serrer les uns contre les autres et nous entr'aider pour prendre notre revanche contre le sort ?

L'unique but de notre éphémère vie sera-t-il donc toujours de se battre et de s'entretuer comme des bêtes?

La lutte pour la vie ! dira-t-on. Allons donc ! En tout cas, pas pour la vie simple, la seule digne et enviable.

Ne serait-ce pas plutôt la lutte pour les appétits démesurés?

N'y a-t-il donc pas place pour tous sur cette terre ?

Notre disparition successive n'est-elle pas suffisamment assurée par la vieillesse, les maladies, les épidémies, les accidents, les cataclysmes? Faut-il de plus s'exterminer encore dans des luttes fratricides? D'ailleurs, même en cas de surpopulation, ce ne sont pas les régions inoccupées qui font défaut.

Luttons contre les éléments ou les êtres hostiles à l'espèce humaine, oui ; mais contre nos semblables, contre nos frères, quelle démence ! Ne sommes-nous pas tous pareils à des condamnés dans leur cachot ?

Les hommes ne sont point ce que l'on s'imagine ; ce ne sont point des dieux ni des démons, ni des nains, ni des géants. On doit les peindre tels qu'ils sont, en ayant soin d'indiquer ce qu'ils devraient être et par quels moyens ils pourraient le devenir.

A l'origine, les hommes n'étaient que des animaux qui se battaient avec le poing pour le gîte et la subsistance. Ensuite, ils prirent des bâtons, puis des armes que le besoin leur fit imaginer.

Quand ils eurent trouvé des sons pour exprimer leurs pensées, ils se lassèrent des combats et songèrent à bâtir des villes, à s'organiser, à faire des lois pour se garantir de l'injustice et de la brutalité. Le règne de la force aurait dû prendre fin à ce moment. Malheureusement, il fallait compter avec les passions et ce n'est que peu à peu que la nature humaine put s'affiner.

Un des préjugés les plus répandus consiste à croire que tout homme a, en propre, certaines qualités définies, qu'il est bon ou méchant, intelligent ou sot, énergique ou apathique, etc... Rien de tel en réalité.

Tout ce que l'on peut dire d'un homme c'est qu'il est plus souvent ceci que cela, ou inversement.

Penser autrement c'est méconnaître le vrai caractère de la nature humaine. Les hommes portent en eux tous les germes et tantôt ils en manifestent un, tantôt un autre et se montrent souvent différents d'eux-mêmes, c'est-à-dire de ce qu'ils ont l habitude de paraître. Mais chez certains hommes ces changements sont plus rares ; chez d'autres, plus rapides et plus fréquents.

D'aucuns disent que la nature humaine n'est pas susceptible d'une transformation radicale, bien que l'effort vers quelque chose de plus haut lui soit propre !

Cependant il est indéniable que l'homme peut s'élever dans la sphère morale. Or, si chaque homme en particulier peut s'élever dans la sphère morale, il est possible d'améliorer le genre humain et il n'est pas douteux que cette élévation soit déjà réalisée dans l'humanité supérieure.

Il ne faut pas vouloir tout; ni toute la beauté, ni toute la vérité, ni tous les biens, mais nous devons savoir nous imposer des limites puisque nous sommes des êtres essentiellement limités. **Il faut, en tout, de la mesure !** Le bonheur, le souverain bien dépend de cette règle simple. C'est par l'oubli de cette vérité que les hommes se précipitent vers l'anarchie et la stérilité.

La société idéale serait celle où la bonté, la douceur, la politesse des mœurs rendraient les lois à peu près inutiles, où la liberté de chacun se limiterait spontanément à la liberté des autres. Ce noble idéal, qui suppose un magnifique progrès moral, ne sera pas atteint de si tôt, mais il serait déjà bien beau d'éprouver le désir d'en approcher.

Redoublons donc d'efforts et que chacun apporte son tribut à l'œuvre commune en épurant ses idées et ses sentiments.

Un jour viendra où, malgré tout, par la morale et par la science, la conciliation universelle se fera : tant de liens enlaceront les hommes qu'ils ne pourront plus s'entre-déchirer.

Ils commencent à comprendre que ce travail doit être l'œuvre commune, agréable, qui les unit tous et qu'en vue de la mort qui, à chaque heure, les menace, le seul acte raisonnable consiste à passer en accord et avec amour les mois, les heures ou les minutes réservés à chacun.

CROYANCES, RELIGIONS

Il existe quelque part, dans le monde, sur une toute petite boule, de petits êtres chétifs, rabougris, criblés de maladies, qui n'arrivent à retarder l'heure de la mort qu'en marchant soigneusement entre deux rangées de bocaux pharmaceutiques. Ces tout petits êtres, aussi orgueilleux, aussi vaniteux qu'ils sont petits, ne savent rien, ni de leur origine, ni de leur fin ; leur histoire d'hier, ils la cherchent ; leur histoire d'aujourd'hui, celle dont ils sont les témoins, ils l'interprètent de mille façons différentes, car ils ne sont sûrs ni de ce qu'ils voient, ni de ce qu'ils entendent. Ces petits êtres, qui s'appellent des hommes et qui ne sont sûrs de rien, ont toujours eu la manie de la certitude. Ils ont toujours voulu accrocher un dogme à leur ignorance.

Aucun problème n'a passionné l'humanité au même degré que le problème des origines de tout ce qui existe. Elle en a été à ce point obsédée que, plutôt que de se résigner à une tranquille ignorance, elle a cherché l'apaisement par l'invention de mythes, tantôt enfantins, tantôt grandioses, dans le développement desquels elle a mis toute l'ardeur de son imagination.

Les pratiques religieuses sont venues du fond de l'âme humaine et le geste rituel commença par être la continuation extérieure d'un mouvement interne, l'expression constante de sentiments qui, tour à tour, désolent ou raniment notre cœur. Toute l'explication essentielle de la religion est dans ce fait de la tendance de la vie intérieure à se manifester en gestes héréditaires.

Si étendues que soient nos recherches dans le domaine de l'infiniment grand ou de l'infiniment petit, il y aura toujours, au delà du champ limité de nos observations, l'immensité de l'inconnaissable.

La science ne peut nous renseigner que sur la distinction du vrai et du faux ; elle constate des faits sans les juger ; elle est indifférente aux valeurs morales. Elle a ses limites : elle ne peut connaître que le *relatif*, et ne peut rien prouver ni pour, ni contre les *croyances reli-*

gieuses, puisque celles-ci sont, par essence et par définition, hors de la discussion La pénétration de *l'absolu* est une question insoluble, et toujours resteront plus ou moins des énigmes pour nous, la nature des choses, nos origines et nos destinées.

L'art non plus ne saurait satisfaire complètement l'esprit humain ; le *beau* n'est pas nécessairement le *bien* ; *le laid* n'est pas nécessairement le *mal*.

C'est dans *l'idée dé perfection* qui est en nous, au fond même de notre vie intérieure, qu'il faut chercher la solution du problème moral.

Le culte de la perfection, c'est l'épanouissement de notre vie intérieure dans la communion des âmes unies et fraternelles.

Certains, en ce pays, affectent de traiter un peu cavalièrement les problèmes du mystère et de la croyance. La grande majorité, chez d'autres peuples entreprenants, pense qu'il n'y a que des avantages à ne pas séparer trop brutalement l'individu et la société des traditións qui, pendant si longtemps, les ont soutenus dans leurs luttes contre la barbarie et contre la destinée.

Pour l'individu, la religion rend aisés les

sacrifices inévitables et même aide à trouver le bonheur ; s'agirait-il d'une simple illusion, qu'elle serait un incomparable réconfort.

Pour la société, l'avantage d'une règle établie et vieille comme le monde, le consolide et le maintient.

L'expérience humaine accumulée est conservée dans un enseignement moral tout constitué et dont les grandes lignes sont universelles et intangibles. Quoi de plus sage ue de transmettre cet enseignement à l'enfant ? Si l'homme le veut, il saura bien, quand il se sentira pleinement maître de lui-même, se libérer de la discipline catéchiste, à supposer que, plus libre, il agisse mieux.

Les vieilles croyances mystiques ont empêché bien des âmes meurtries de sombrer dans le désespoir. Il faut avoir l'âme bien stoïque, si la vie n'est qu'une douleur sans lendemain, pour aimer quand même la vérité et la beauté morale.

Les philosophes se tourmentent à créer des systèmes ; en vain cherchent-ils un meilleur que le christianisme qui, en réconciliant l'homme avec lui-même, assure en même temps l'ordre public et le repos des Etats, comme il garantit le bonheur des individus.

Le christianisme, sous son enveloppe grecque, catholique ou protestante, est encore pour 400 millions d'hommes la grande paire d'ailes indispensable et que, sitôt que ces ailes défaillent, ou qu'on les casse les mœurs publiques et privées se dégradent.

J'estime que dans tout pays, il est immoral et antinational de détruire les religions. Les religions sont une forme de la morale dont certains esprits et certaines consciences ne peuvent se passer pour être moraux. Détruisez la religion et ces esprits-là et ces consciences-là tomberont dans l'immoralisme.

Je dis que, dans le peuple, il y a de très honnêtes gens qui peuvent l'être sans religion et d'autres qui, sans religion, seraient immoraux ; et qu'aussi, dans les hautes classes et parmi les plus intellectuels, il y a également des hommes qui peuvent avoir une morale sans religion et d'autres qui ont besoin d'avoir une religion pour avoir une morale. Je dis qu'il y a des esprits partout, pour qui une religion est la forme nécessaire de la morale et que, par ainsi, ruiner une religion est, en quelque pays que ce soit, une immoralité et un acte antinational.

N'enlevons à personne l'aide ou la consolation d'une foi religieuse car il est d'une haute nécessité sociale, même pour un incroyant, de consolider les préjugés nécessaires et de respecter les illusions bienfaisantes. L'idée religieuse, quelle qu'elle soit, est par essence, une force précieuse pour la perfectibilité morale de l'humanité. On n'offense pas une croyance parce qu'on ne la pratique pas ; on ne supprime pas une croyance parce qu'on la persécute.

La vraie *tolérance* a une première raison d'être toute sociale dans la diversité des opinions et des confessions : plus de vie commune possible sans la tolérance pour des églises, des systèmes, des conceptions individuelles qui varient à l'infini. Ce n'est pas tout. Elle a une autre raison d'être toute morale dans l'idée très élevée et la seule juste que nous nous faisons aujourd'hui de la croyance. Qu'est-ce à dire, sinon que chacun croit quand et comment il peut croire. Ou, en d'autres termes, que nul ne peut se forcer, ni, à plus forte raison, souffrir qu'on le force, soit à croire, ou à croire plus ou autrement qu'il ne croit. Dès lors, la *tolérance* devient la forme obligatoire du respect que les âmes libres se doivent les unes aux autres.

Devant le mystère insondable qu'est le problème de notre origine et de nos destinées, qui donc peut se targuer d'être en possession de l'absolue vérité ?

Donc, pratiquons la plus large tolérance ou, pour mieux dire, la plus large liberté. Quand il s'agit de la conscience, il ne faut pas parler de tolérance qui implique une idée de concession.

Ceux qui ne pensent pas comme nous ont, dans le domaine de la liberté de conscience, droit comme nous, à la liberté, parce que la liberté est un droit et que, comme tous les droits, elle est imprescriptible et inaliénable.

MORALE

Il faut à tout individu, agissant comme homme ou comme citoyen, un certain nombre d'idées supérieures capables de conduire sa propre existence ; sans elles, il est exposé à n'être que le jouet des événements et des passions.

L'homme naît-il bon ou méchant ? Cette façon de poser la question est trop simple et ne répond pas à la complexité de la nature humaine. Nous croyons que la vérité consiste en ceci : il y a, non pas l'homme, mais les hommes. Il y en a chez qui les bons instincts dominent et d'autres chez qui dominent les mauvais.

Il faut rendre justice à tous les efforts tendant à approcher l'homme de la perfection morale. Ces règles directrices, les uns croient pouvoir les trouver dans des principes métaphysiques et religieux ; les autres, dans des sentiments qui sont la constatation intérieure et réfléchie des règles utilitaires posées par la vie sociale elle-même.

Tous ont le droit de propager leur idéal, mais doivent se garder de l'obscurcir par des actes d'intolérance. Les éducateurs doivent être des inspirateurs et non des combattants ; ils forment la conscience et l'enfant, devenu citoyen, agit suivant ses impulsions raisonnées.

Les éducateurs opposeront, sans faiblesse, à l'exaspération des droits, l'absolu du devoir ; à la passion intéressée de l'individu, à l'égoïsme étroit de la corporation, le respect de la loi et de cette loi suprême qui n'est écrite nulle part, mais qu'on doit trouver au cœur même de la société : l'intérêt général et le bien public.

Les croyants religieux ne font pas de la morale une conséquence de la religion en ce sens que la religion serait l'objet d'un acte arbitraire et despotique de Dieu : la morale découle de la religion parce que Dieu est le bien et la perfection mêmes.

D'autre part, les partisans de la morale dite laïque s'appuient sur la conscience comme sur un principe en réalité surnaturel ; ils admettent la religion en fait, s'ils s'abstiennent d'en prononcer le nom.

Croyants de la religion et croyants de la morale se proposent un but commun : travailler en fait à l'amélioration morale de l'humanité. Or, mettre sérieusement en commun ses forces, ses sentiments pour travailler au succès d'une noble cause, c'est déjà s'entendre et se rapprocher.

Si nous devons vraisemblablement renoncer à une unité chimérique, nous pouvons tendre à l'union ou libre convergence d'individus distincts vers un but commun ; vers l'union, non-seulement malgré la diversité des opinions, mais par cette diversité même.

Rien ne prouve qu'une éducation morale laïque doive être inférieure à l'éducation morale religieuse.

L'homme, qui est tel que la nature l'a créé, a trois domaines : pensée. sentiment, action. Et dans chacun de ces trois domaines, il trouve au fond de lui des instincts qui ne sont pas de son fait et auxquels il doit obéissance.

Est-ce qu'on demande à la science ou à l'art de s'appuyer sur une religion ? La morale vaut par elle même.

Est-ce qu'un sacrifice change de valeur morale selon qu'il est accompli par un croyant ou un incroyant ?

Est-ce qu'un acte de dévouement est précédé

d'un raisonnement théologique ? La vie morale n'est pas attachée à certains dogmes. Si vous, croyant, vous veniez à ne plus croire, est ce que votre conduite en serait changée ? Vous auriez une loi plus forte que toutes les théologies ou doctrines : votre conscience. Voilà pourquoi nous pouvons nous réunir par-dessus toutes les religions.

La morale est pour le *bien* ce que l'art est pour le *beau*, la science pour le *vrai* ; ces trois disciplines correspondent à trois modes supérieurs de la vie de l'esprit, ont leur objet propre et se développent indépendamment des conceptions religieuses ou métaphysiques ; en particulier, la morale poursuit par ses propres moyens un objet bien déterminé qui est d'éveiller la conscience dans chaque enfant, de lui faire découvrir en lui-même la loi du devoir, à la fois par la pensée, par le sentiment et par la volonté, et faire ainsi de chaque être humain une force morale capable de se gouverner. L'enseignement se borne à rapprocher fraternellement les enfants de toute origine pour leur inspirer à tous en commun une foi qu'aucune religion n'oserait répudier : la foi au bien.

Il ne manque pas d'adversaires de la morale laïque qui lui reprochent de n'avoir point de fondement et de ne pouvoir rien dire d'obligatoire, ni de catégorique, dès l'instant qu'elle ne parle plus au nom même de Dieu.

Or, voici une expérience qui ne manque pas d'intérêt :

Prenez un professeur à la Faculté de théologie protestante, deux pasteurs, puis un inspecteur d'académie à l'Université de Paris, deux professeurs de philosophie, l'un de lycée, l'autre de faculté. Demandez à ces hommes, les uns représentant l'esprit religieux, les autres l'esprit laïque, de vous rédiger ensemble un cours de morale courante. Chacun vous traitera une question à son point de vue, et une fois réunis en volume, vous constaterez que ces chapitres d'inspiration diverse composent le plus harmonieux ensemble et le plus naturel.

Au surplus, cette unanimité morale n'est point le propre de notre temps. Toutes les religions, toutes les philosophies n'ont jamais discuté que sur les principes, en théorie : elles ont toujours, devant les nécessités de la vie et les leçons de l'expérience, décrété les mêmes devoirs, proclamé des préceptes identiques. N'en faut-il pas conclure que la morale ne vient ni de la religion, ni de la philosophie, mais de la vie elle-même. Elle ne dérive d'aucun principe transcendant ni surnaturel ; elle est une nécessité sociale, traduit l'obligation où nous sommes de vivre en commun et à quelles conditions. Il n'est que faire de fonder la morale, il suffit de l'enseigner. Tout le problème se réduit à une question d'éducation. La conscience du petit enfant se forme et se développe comme son intelligence. Il sera moral dans la mesure où on l'aura préparé à comprendre l'existence. Le devoir naît de la vie et la morale des mœurs. Son premier fondement est la vertu de ceux qui l'enseignent.

L'Instruction n'est pas une morale. Elle n'est par elle-même qu'un instrument tout prêt pour des œuvres de *mal* et de *bien*. Il faut donc, avant tout, dans nos écoles, un solide enseignement moral. Mais, objecte-t-on, tant qu'on n'aura pas trouvé de fondement à une morale qui veut n'être que rationnelle, on ne parviendra point à l'enseigner efficacement. Et pourquoi non ? Les fondements d'une morale ne se peuvent, il est vrai, établir rationnellement, mais cette impuissance ne saurait faire que la morale nous paraisse moins nécessaire, et si elle est nécessaire comme la vie même, qu'avons-nous besoin d'en légitimer autrement les principes essentiels et d'en déclarer solides les fondements, établis qu'ils sont sur la nécessité ?

N'est-il pas vrai qu'il est vain et mille fois superflu de 'rechercher les raisons savantes qu'on peut avoir de faire une chose quelconque, de celles qu'exige la nécessité de vivre ? 'Il y a des révoltes ridicules.

En définitive, on meurt parce qu'on meurt, on vit parce qu'on vit, on mange et l'on boit sans exiger au préalable l'explication des phénomènes de la vie universelle ; on aime sa mère, son père et même le coin de terre où l'on naquit, parce que la nature des êtres et des choses le veut ainsi. Et voilà la vie morale commencée !

Ne cherchons point de raison à la raison même. Nous devons vivre nous, en famille d'abord, puis en société. La vie familiale et la vie sociale vont s'améliorant parce que les créatures cherchent par un effort naturel, continu, à rendre meilleure l'existence individuelle au moyen des obligations sociales et, réciproquement, à améliorer la vie sociale au moyen des obligations individuelles.

Certaines obligations morales accessoires se transforment donc pour servir l'amélioration des conditions générales de la vie commune. La loi morale est une évidente nécessité des races qui veulent vivre.

Cette nécessité est aussi impérieuse que celle de manger, de boire et de dormir. Le sens moral est un instinct de préservation de la famille, de la cité, de la race ; et il est de même valeur que l'instinct de la conservation si puissant dans l'être physique. Il est parce qu'il est, et la légitimité des morales n'a pas plus besoin d'être démontrée que n'a besoin d'être prouvée et établie par raisonnement la nécessité du lait maternel pour l'enfant et l'excellence du grain de blé pour l'adulte.

La loi morale est bonne au même titre. Elle fait de la vie puisqu'elle ordonne la vie, la rythme et l'assure.

Elle est de première nécessité ; elle n'accepte même pas d'être discutée. Et voilà pourquoi on peut, quand on n'accepte pas la révélation religieuse comme un fait, l'admettre comme le symbole utile d'une positive réalité.

Le moraliste n'a point à se préoccuper du fondement de la morale ; il n'aura plus qu'à rechercher, dans toutes les morales, les principes universellement adoptés par toutes les races évoluées Empruntant à toutes les races, à toutes les philosophies, à toutes les religions, le meilleur de tous les principes essentiels de leur morale ce qui leur est commun, elles seront toutes nos tributaires et par là nous n'encourrons le blâme légitime d'aucune. Nous serons sur le terrain solide et universel.

D'ailleurs, une race émancipée n'a pas à se mettre en frais pour découvrir les éléments d'une morale libre quand elle a derrière elle de longs siècles de christianisme qui l'ont marquée d'une empreinte indélébile.

L humanisme même des esprits modernes n'est que la douce charité chrétienne sous un autre nom. Et qu'importe à la charité le nom dont on la nomme, pourvu qu'elle triomphe !

INSTRUCTION

Tout enfant a droit à l'instruction et l'intérêt comme le devoir de la société est de le lui assurer. Mais si tous les enfants sont égaux en droits, ils ne le sont pas en aptitude. L'instruction doit donc se mesurer aux capacités individuelles et, au bout du compte, pourvoir chacun de la profession qu'il est en état d'exercer.

Une société démocratique doit se préoccuper de créer et de développer les valeurs intellectuelles partout où elle les trouve.

L'obligation est de rigueur jusqu'à un âge à déterminer.

Gratuité. — Service public n'est pas nécessairement service gratuit. Et il arrive que le peuple n'attache nul prix à ce qui ne coûte rien.

Dans l'enseignement primaire, la gratuité absolue doit être réservée aux seuls indigents ; pour les autres, cet enseignement doit entraîner une *légère* rétribution ; la fréquentation scolaire n'en sera que meilleure.

Pour les autres degrés de l'enseignement, si la famille manque de ressources, l'Etat prend l'enfant à sa charge, après sélection des capacités (boursés, demi bourses, etc.).

Voici sommairement comment je conçois l'organisation de l'Enseignement :

Pas de monopole. Deux sortes d'écoles :

1° *Ecoles publiques.* — Maîtres et maîtresses nommés et rétribués par l'Etat. Au point de vue confessionnel, ces écoles sont neutres. (Je verrais volontiers disparaître la qualification de *laïque* ajoutée à l'école communale , ce mot, non par lui-même certes, mais par la signification qu'on lui donne et l'usage qu'on en fait, semble résonner aux oreilles des croyants comme une sorte de déclaration anti-religieuse.

N'oublions pas que nous cherchons la concorde ; évitons tout ce qui peut la troubler. Est-ce que les écoles privées, dirigées par des personnes autres que des prêtres ou des religieux, ne sont pas aussi des écoles laïques ?)

L'enseignement religieux, dans ces écoles, selon le désir exprimé par les parents de l'enfant, est donné dans les édifices consacrés au culte par les ministres de ce culte.

Les voies et moyens sont déterminés, après

entente courtoise, entre l'autorité religieuse et l'autorité universitaire. La même règle s'applique aux écoles privées neutres.

2º *Ecoles privées*. — Neutres ou confessionnelles. Maîtres et maîtresses libres, mais devant justifier de la moralité et de la capacité d'instruction voulues pour obtenir l'autorisation d'enseigner. C'est donc une liberté réglementée et contrôlée par l'Etat, sans vexation.

Il n'y a aucune raison pour que ces deux sortes d'écoles ne puissent coexister, je ne dis pas sans rivalité, mais sans haine Qu'elles se piquent d'une noble émulation, rien de plus souhaitable.

L'Ecole devant, avant tout, respecter la liberté morale, philosophique et religieuse de tous les Français, le choix de l'établissement est laissé aux parents.

A notre avis, l'éducation est inséparable de l'instruction. Celle-là doit donc se poursuivre concurremment dans la famille et à l'école (voir chapitre précédent, page 28).

L'instituteur, le professeur, qui est seulement un instructeur, ne remplit pas sa tâche intégralement.

Nous pensons bien qu'un cours de morale

fait partie des programmes scolaires, mais ce n'est pas seulement cette éducation théorique que nous envisageons ici : c'est aussi celle de tous les instants, en classe, au jeu, à la promenade etc., saisir l'occasion des petits incidents de la vie journalière pour indiquer ce qu'il convient de faire et ce que l'on doit éviter ; en donner les raisons. Entr'autres cas, je signale, par exemple, le besoin qu'ont les enfants d'être rappelés de temps à autre au respect de la propriété publique.

ÉDUCATION SOCIALE

Les idées philosophiques, si elles n'exercent pas une action immédiate, n'en ont pas moins, à la longue, une influence décisive et prépondérante.

Pendant longtemps, le mot qui résume la doctrine républicaine fut celui de *liberté*. C'est par le culte de la liberté que la Révolution fut résolument et presque exclusivement individualiste, oubliant un peu que l'individualisme pur et simple n'implique pas nécessairement la *fraternité* et encore moins l'*égalité*.

Les théoriciens démocratiques ont aperçu cet écueil et cherchent les moyens de l'éviter. C'est là le point de départ des utopies socialistes qui ont le tort de sacrifier la liberté à l'égalité et qui, sous prétexte d'émanciper les faibles, arriveraient à opprimer ou à supprimer les forts, pour le grand dommage de la civilisation et des faibles eux-mêmes, lesquels ont intérêt à bénéficier de l'activité commune et du progrès général.

A notre avis, l'erreur du socialisme ne consiste pas dans l'idée de suprématie de la nécessité publique sur les revendications individuelles, mais dans la conception de vouloir fonder l'action collective sur la suppression des catégories sociales, plutôt que sur leur coopération.

La vraie solution se trouve dans une conciliation entre les deux termes de l'antinomie ; et cette vue juste a inspiré la loi sur les syndicats (purement professionnels, entendons-nous bien) et les diverses lois de prévoyance sociale.

Il ne faut plus considérer l'homme en soi, mais l'homme réel, dont le caractère essentiel est de vivre et de ne pouvoir vivre qu'en société.

Le fait social crée des droits et impose des devoirs.

Le faible a droit à l'assistance et le fort a le devoir de l'assister.

Entendez par là, non point seulement cette assistance limitée et insuffisante que l'on accorde aux indigents et aux malades, mais le concours et la sympathie agissante que se prêtent les membres d'une famille unie.

On peut fonder cette morale sur l'intérêt : tous les participants d'une société ont intérêt à ce que la société prospère sans heurts et sans accidents. Mais il est plus sûr de la fonder sur le sentiment social, c'est-à-dire sur la *bonté* et la *fraternité.*

L'éducation sociale doit consister surtout à enseigner que la personne humaine n'existe pas uniquement par elle-même, mais qu'elle est un composé social, qu'elle est faite d'éléments dus à toute l'humanité passée et présente ; et cette vérité conduit naturellement les âmes bien situées à aimer les hommes, ce qui reste, au fond, la base de toute organisation propre à rendre le globe habitable pour tous.

Solidarité. — Le bien ne peut être réalisé que par le vrai, mais le vrai n'a de prix que par la réalisation du bien.

Le vrai c'est que la *solidarité* est un fait. Elle l'est, sans conteste, dans le monde organique. Elle l'est aussi dans le monde moral où apparaissent partout les relations d'interdépendance entre les divers membres d'une société. Car l'homme social est « la partie d'un tout ».

Mais le vrai n'est qu'un moyen d'arriver au

bien. Comment peut-on de la solidarité naturelle faire sortir la justice ?

La justice tend à supprimer les inégalités qui proviennent du hasard des circonstances plus que des qualités ou défauts personnels. Ces inégalités se produisent par le jeu aveugle et souvent brutal des lois naturelles. C'est donc au droit humain, interprète de la raison pratique, qu'il appartient de corriger ces erreurs.

Tout homme est ce qu'il est grâce au labeur de millions d'individus qui l'ont précédé dans la vie ; il est le manifeste *débiteur* de ses devanciers, puisqu'il use des biens de la civilisation qui est leur œuvre ; sa dette, il doit la payer aux représentants de ses devanciers, c'est-à-dire à leurs descendants, présents et à venir. Il existe donc une *solidarité* humaine qui crée un devoir pour l'individu et un droit pour la société.

Les classes privilégiées, celles qui accomplissent les fonctions les plus élevées dans la société, ne doivent pas oublier que leurs richesses, leur prestige, l'affinement de leur culture, la puissance de leur science ne sont pas dus exclusivement à leurs efforts personnels, mais qu'ils sont le résultat d'une longue et vaste collaboration : la collaboration de la multitude des ancêtres qui ont lutté, travaillé, peiné.

Les favoris de la fortune ont, par là même, « contracté une dette ». Et s'ils ne sont pas disposés à l'acquitter d'eux-mêmes, c'est au législateur, défenseur de l'intérêt public contre l'égoïsme des particuliers, qu'il revient de faire intervenir la loi, instrument de justice réparatrice.

Cette dette, toujours vivante, résulte d'un quasi-contrat, un contrat qui n'a jamais été consenti formellement entre les parties, mais qui est une sorte de postulat social, une convention tacite qui n'a pas besoin d'être formulée pour avoir toute son évidence et toute sa force. Une société est analogue à un organisme. Or, si toutes les fonctions ont leur utilité dans un être vivant et tendent au bien de l'ensemble, il faut qu'il en soit de même dans une société.

La *solidarité* n'est pas un vain mot. Un peu de réflexion suffit pour le reconnaître, car tout nous le rappelle : tout ce dont nous jouissons n'est-il pas l'œuvre de ceux qui nous ont précédés, et aussi, pour une part, de nos contemporains? Et cela dans l'ordre moral comme dans l'ordre matériel.

Nous sommes les héritiers de nos ancêtres :
ils vivent en nous par notre tempérament physique et moral, nos instincts et nos goûts, par
tout ce qui nous semble être en nous le plus
naturel et le plus spontané. Leur pensée que
nous sentons au fond de nous, elle est pareillement autour de nous, dans la région qu'ils ont
habitée, dont ils ont subi l'influence et qu'ils
ont aménagée à leur gré.

Toute contrée a une âme, celle des générations qui s'y sont succédées et avec laquelle les
générations qui viennent entrent en communion. Ce qui fortifie cette communion est sain
et profitable, ce qui l'altère est une faiblesse
et une diminution.

Ainsi, tout démontre notre dépendance vis-
à-vis les uns des autres ; tout nous incite à la
solidarité et à l'entr'aide.

Ce qu'il faut, avant tout, c'est purifier les
mœurs, y introduire un peu plus de bonté et
de justice. Le progrès doit se faire par étapes
pour qu'aucun désordre grave n'en résulte : les
conquêtes trop hâtives sont éphémères.

Assistance sociale. — L'assistance sociale
qui, comme nous venons de le prouver, est un
devoir pour la société se présente sous diverses

formes : mutualisme, syndicalisme, charité privée et assistance sociale proprement dite.

Le *Mutualisme* est une organisation entre gens qui, par définition, sont déjà au-dessus de l'indigence ; ce n'est pas un remède au paupérisme. C'est tout de même un mode d'entr'aide fort recommandable.

Partisan résolu du principe, il y a lieu cependant de convenir qu'une confusion plane sur la qualification comme sur les conceptions de toutes les sociétés françaises dites de *secours mutuels :* tandis que leur dénomination laisse croire qu'il ne s'agit, en l'espèce, que de secours réciproques entre travailleurs solidaires, on doit reconnaître qu'elles sont en réalité, à des degrés divers certes, mais sans aucune exception, des œuvres d'assistance et de bienfaisance.

Il importe, pour la prospérité de la mutualité, de remonter le courant actuel, de faire rendre à la mutualité, par des moyens scientifiques, les services qu'on peut attendre d'elle, qui sont grands, mais qui ne sont ni gratuits, ni infinis.

Il faut placer le problème mutualiste sur son véritable terrain économique et le soustraire à l'emprise politique qui l'a faussé jusqu'à ce jour.

Il faut départager l'importante clientèle des sociétés actuelles en deux groupes : celui des *prévoyants subsidiés* et celui des *mutualistes réels*.

Les premiers. c'est-à-dire ceux dont la situation matérielle ne leur permet pas l'effort total qu'exige la vraie mutualité seraient agrégés à des sociétés participant de la générosité privée ou publique. Leur dignité sera sauvegardée puisqu'ils auront contribué dans la limite maximum de leurs disponibilités aux mesures de précaution qui les empêcheront de devenir du jour au lendemain une charge pour leurs concitoyens. C'èst bien le cas de la loi sur les retraites ouvrières.

L'assistance doit *aider et non annihiler* la prévoyance et la responsabilité individuelle.

Le *Syndicalisme*, et par ce mot, j'entends uniquement le syndicalisme purement professionnel et facultatif (chaque syndicat limité à une seule profession), est très efficace pour l'élévation des salaires ; il est absolument impuissant contre l'élévation du prix de la vie qui est la conséquence de l'élévation des salaires : cercle vicieux dont il n'est pas aisé de trouver la sortie.

La *Charité privée*, parce qu'elle n'est pas organisée et jette l'argent absolument à l'aventure en bien des cas, est démoralisante comme tous les jeux de hasard. Elle crée ou multiplie la mendicité.

Il faut donc, pour l'indigence proprement dite, pratiquer, en totalité, une *assistance sociale;* il n'y a que celle-ci qui pourra être rationnellement et pratiquement organisée. Les indigents se divisent en deux catégories radicalement distinctes : les chômeurs intermittents et les chômeurs perpétuels. A ces derniers, leur proposer ou leur imposer le travail ne servirait à rien; l'expérience a été faite et refaite. Donc, il faut établir deux catégories : les indigents volontaires, ou plutôt inguérissables et les indigents malgré eux qui, tous, sont des victimes du chômage forcé.

Les premiers, il faudrait les interner dans des hospices où on obtiendrait d'eux le peu de travail qu'on en pourrait tirer. Il est entendu que, pour ces indignes, les secours seraient mesurés au plus strict nécessaire.

Pour les autres, une caisse nationale d'assistance et de placement fonctionnerait.

Les deux moyens parallèles coûteraient beaucoup d'argent, mais comme ils supprimeraient la mendicité, il y a à croire qu'ils seraient finalement une économie par suppression de dépenses.

L'argent, au lieu d'être gaspillé, serait calculé au plus juste.

Si. à cette organisation appliquée à l'indigence pure, nous adjoignons les institutions déjà en vigueur (assistance aux vieillards, retraites ouvrières, etc...) et celles en préparation, toutes suffisamment organisées et contrôlées pour que règne l'équité, nous aurons un système complet qui permettra d'envisager l'avenir avec sérénité.

Mais pour en arriver là, il faut que tous nous soyons pénétrés de l'impérieux devoir d'entr'aide qui s'impose à tous les hommes. Il faut que les privilégiés consentent librement et joyeusement, non à s'ôter le pain de la bouche, mais à faire le sacrifice d'une partie, un peu plus importante qu'ils n'en ont l'habitude, de leur superflu, en faveur des déshérités.

Et j'insiste encore sur ce point que cette assistance n'est pas une charité et n'a rien d'humiliant pour ceux qui en sont l'objet ; c'est un *dû*. L'assistant d'aujourd'hui peut devenir l'assisté de demain.

POLITIQUE

La politique est, nul ne l'ignore, l'art de gouverner. La recherche du pouvoir dans le but d'appliquer son talent à assurer le bien-être de ses administrés, et cela sans mobile d'intérêt personnel autre que l'honneur, est une très noble ambition : c'est celle de l'homme véritablement politique, de l'homme d'Etat.

Par contre, cette recherche du commandement, inspirée par des vues d'intérêt personnel ou de clan est l œuvre du politicien, plaie hideuse de la société, cause de toutes nos dissensions Puisse-t-elle bientôt disparaître !

Donc, il faut à la société un gouvernement. Quel sera-t-il ? monarchie ou république ? car abstraction faite des nuances, c'est entre ces deux modes qu'il faut opter.

La monarchie a été nécessaire. Comme toute institution, elle a eu ses gloires et ses fautes, mais il semble bien que son temps, en France du moins, est révolu.

De même que nous devons tolérer librement

les croyances religieuses d'autrui, de même devons-nous tolérer les croyances politiques de ceux qui restent partisans de l'idée monarchique. Pour ces derniers, il nous semble que, sans renier leurs convictions, ils devraient se rallier franchement au système qui a prévalu et ne pas se soustraire, par un faux point d'honneur, aux affaires publiques : tous les citoyens jouissant des mêmes droits ont, quelle que soit leur opinion intime, les mêmes devoirs dès qu'il s'agit des intérêts généraux du pays.

Donc, la République étant le mode de gouvernement choisi par la nation, correspondant aux vœux et aux sentiments de la très grande majorité, tenons-nous-en fermement à l'idée républicaine, et cela sans méconnaître la grandeur de notre passé.

Et de plus, n'oublions pas que, *quelle que soit l'étiquette, il y a la France !*

Puisque nous avons le gouvernement démocratique de notre choix, l'union devrait être assurée entre tous les Français Au lieu de cela, que voyons-nous ? Une diversité incalculable d'opinions, de partis s'excluant les uns les autres, chacun cherchant à usurper le pouvoir pour son propre compte, en faisant litière des intérêts généraux du pays pour satisfaire leurs intérêts particuliers et ceux de leur clientèle. Et pour désigner ces innombrables fractions, des mots, des épithètes détournées le plus souvent de leur véritable sens grammatical : une véritable logomachie. C'est bien ici le lieu d'affirmer combien nous sommes ordinairement les dupes ou les esclaves des mots. On s'inquiète beaucoup trop des formules oubliant ainsi en des querelles aussi turbulentes que stériles, les intérêts du grand parti national qui travaille, qui peine et qui paie.

La coexistence de différents partis est la conséquence forcée de la liberté d'opinion ; d'aucuns disent même qu'elle est une nécessité d'un bon ordre social : la République doit être un régime de liberté. Mais n'oublions pas qu'il n'est rien d'absolu en ce monde et ne cessons pas de le répéter : *en tout il faut de la mesure.* On peut être absolu dans la théorie, mais il faut être conciliant dans l'application.

Aujourd'hui un grand nombre de gens, et parmi ceux qui se montrent toujours prêts à acclamer les partis les plus avancés, admettent fort bien qu'il y ait opposition entre les mots république et liberté. Le terrible, c'est que ces gens sont ignorants comme ils sont sectaires, c'est-à-dire avec une assurance égale à leur naïveté.

Ce qu'ils visent dans le régime républicain ce ne sont pas les principes sans lesquels un gouvernement ne serait ni justifiable, ni défendable, c'est la part de pouvoir que chacun en tire dans sa petite sphère.

De la République, nous avons l'étiquette, mais la chose n'est pas réalisée. La République doit être un gouvernement national et non un gouvernement de parti. La plus lamentable plaie du gouvernement démocratique est la malfaisance de l'esprit de parti mal compris.

Lorsqu'une ambition égoïste devient l'élément essentiel des partis, ce ne sont plus les opinions qu'ils jugent, ni qu'ils poursuivent, ce sont les personnes.

Ils donnent le spectacle d'une haine hideuse. Si elle ne frappait que les individus, son crime, pour si condamnable qu'il demeure, s'évanouirait avec ses victimes. Mais comme c'est toujours aux meilleurs citoyens qu'elle s'attaque, comme elle ne cesse de viser les plus grands, les plus populaires, les plus élevés, c'est la nation elle-même qu'elle blesse.

Ceci nous inspire l'horreur d'une politique qui se résume à créer des dissensions intestines. Pensons et agissons de telle sorte qu'on ne puisse plus dire que les Français sont beaucoup plus divisés par leurs haines que par leurs opinions.

La République est de tous les genres de gouvernement le plus compliqué et le plus délicat. Sa condition capitale est d'enseigner aux citoyens à ne pas se mettre en opposition avec leurs lois constitutionnelles, à pratiquer, dans tous les actes de la vie civile et politique, ce qui est la raison d'être du gouvernement républicain : j'ai nommé la *liberté* (nous verrons plus loin comment il faut l'entendre).

De l'amour des lois et de la patrie dépendent la vertu politique, le service de l'intérêt public, la bonne marche du gouvernement.

La Démocratie véritable et non démagogique, qu'il ne faut tout de même pas confondre avec la haine et la sottise, se distingue des systèmes abolis d'abord en ceci qu'elle ne fait point de la culture le privilège d'une caste, mais le rend accessible à tous les enfants et jeunes gens bien doués, sans distinction de naissance ni de fortune ; et, secondement, en ceci qu'elle estime infiniment plus haut un homme cultivé et intelligent qu'un fils de prince ou millionnaire ignorant et borné.

La démocratie n'est pas un régime de nivellement dans la médiocrité, mais un régime de progrès moral et matériel qui permet, par une saine conception de la liberté, à toutes les énergies individuelles de se produire dans la plénitude de leur puissance.

Nous voulons l'individu libre et capable d'atteindre son entier développement, quelles que soient sa naissance et sa condition. Nous prétendons léguer à nos enfants une société meilleure et plus humaine, par l'apaisement, par le jeu constitutionnel de la liberté, par le large respect de la conscience humaine.

Tout ce que nous demandons, c'est que ces intentions généreuses ne soient point interprétées à faux par l'inintelligence, la bassesse et l'envie.

Egalité. — Une démocratie *ne peut se passer d'une élite*, mais elle prétend ne la devoir qu'au travail et au talent. L'élite a le droit de se révéler partout ; quand le fruit de l'arbre est bon on ne se soucie pas de la racine.

Il y a égalité de droits entre les hommes, *il*

n'y a pas égalité de fonctions ; il faut à la société une élite, laquelle est basée sur des éléments qui sont un exemple de ces biens qui peuvent être possédés par les uns sans que les autres en soient dépossédés. Les connaissances que j'acquiers vous privent-elles des vôtres? La lumière qui s'allume en mon esprit éteint-elle celle qui brille au fond de votre pensée? Tout au contraire: plus il y a de foyers lumineux, plus la lumière est éclatante pour tous.

Le signe par où l'élite diffère du commun de l'humanité n'est pas un résultat des hasards de la naissance ni de l'influence du milieu, ni même des bienfaits de l'éducation, mais presque toujours une sorte de reflet des rayonnantes clartés de la vie intérieure.

Il y a quelque chose de grave dont souffre la société contemporaine : c'est la *phobie de l'inégalité.*

Le dogme de l'égalité sociale absolue est une monstrueuse erreur biologique. Les hommes naissent, vivent et meurent **inegaux** en santé, en force, en vertu, en aptitudes, en intelligence, en tout. Donc, l'égalité ne peut s'entendre que dans les termes où la définit la Déclaration des droits de l'homme et du citoyen :

« La loi doit être la même pour tous, soit qu'elle protège, soit qu'elle punisse. Tous les citoyens sont également admissibles à toutes les dignités, places et emplois publics, **selon leur capacité** et sans autre distinction que celles de **leurs vertus et de leurs talents.** »

Voilà la saine doctrine de l'égalité dans une démocratie ; pas de caste ou de classe fermée ou inaccessible, réservée à quelques-uns à cause de leur naissance ; les mêmes droits devant la loi ; mais l'**inégalité** selon les capacités, les vertus et les talents de chacun.

[De tout ceci découle de même l'impossibilité de l'égalité des biens sans qu'il soit nécessaire de le démontrer plus amplement (voir plus loin le chapitre de la Propriété)].

Constatons enfin que l'accessibilité à toutes les situations étant le lot de tous, selon leur mérite, n'ont plus de raison d'être ces appels à la soi-disant *lutte de classes* qui sont les pires excitations à la haine des citoyens les uns contre les autres.

Il serait vain de contester qu'il y a dans la société, parmi les citoyens, des *catégories*, puisque nous venons de reconnaître que les hommes sont *inégaux* en tout. Mais ces catégories, dont un abus de mot veut faire des *classes*, nous nions qu'elles doivent forcément être en état de lutte. idée trop facilement acceptée par certaines fractions.

Non, mille fois non, les diverses catégories ne sont pas condamnées à cette nécessité et, ce qui le prouve, c'est, qu'en bien des circons- tances, en temps de calamité par exemple, aussi bien qu'en temps de réjouissance, elles se rapprochent et s'unissent tout naturellement. Pourquoi cette union ne serait elle pas perma- nente, comme le commande l'intérêt général ?

Il n'y a pas une « classe ouvrière » parquée dans un compartiment spécial de la nation, pas plus qu'il n'y a de « classe paysanne » ou autre.

Il n'y a, dans la France égalitaire, que les citoyens d'une même race, d'un même pays où les qualités morales et intellectuelles détermi- nent seules l'ascension ; où le vice, la faute et l'erreur entraînent, seuls, la déchéance.

Les différentes catégories de la société ne s'op- posent pas l'une à l'autre, elles se complètent et concourent toutes, dans leur sphère propre, à l'intérêt général. Il ne doit y avoir entre elles de rivalité que pour le bien public. N'étant pas des castes, elles sont largement ouvertes; les divers échelons sont accessibles à tous selon leur aptitude : l'ouvrier d'aujourd'hui ne peut-il devenir le patron de demain ? Un homme vaut ce qu'il vaut, quel qu'il soit, d'où qu'il vienne ; on ne doit connaître que les capacités.

La démocratie ne doit pas être, comme d'aucuns le disent, le culte de l'incompétence.

Liberté. — Il faut l'entendre limitée au point où elle commence à devenir gênante pour autrui ou pour les intérêts généraux de la société La liberté est surtout le respect de la liberté des autres ; elle est une fraternité et donc une **contrainte morale**. Combien l'envisagent ainsi? Voilà un joli thème pour les éducateurs !

Féminisme. — La femme est créée pour seconder l'homme. Au point de vue naturel comme au point de vue psychologique, elle est le complément de l'homme dont elle doit être l'assistante et non la rivale. C'est nécessaire au bonheur conjugal, à l'intérêt de la famille et de la société.

Il n'y a pas inégalité: humainement tous deux sont égaux, mais l'un et l'autre sont créés pour des rôles différents. C'est une erreur biologique de croire que la mentalité féminine puisse s'identifier avec la mentalité masculine.

Quant à l'emploi de l'activité de la femme, il y a deux cas à considérer :

Les femmes seules. — Des places, distinctes, autant que possible, de celles attribuées aux hommes et compatibles avec la condition physiologique de la femme, doivent leur être rendues accessibles.

Les femmes mariées. — Pour celles-ci, leur place est au foyer. Sont toutes désirables pour la femme mariée les professions qui peuvent s'exercer « à la maison ». La première éducation de l'enfant qui lui incombe est une mission assez haute et assez absorbante pour retenir toutes ses forces vives. En outre, à elle revient la direction du ménage et l'embellissement du foyer, dans la douceur duquel le mari, travaillant pour la famille, trouve un dédommagement à son labeur et un repos salutaire qui profite à tous les siens. Ce rôle ne manque ni de noblesse, ni d'élévation et les femmes réellement supérieures l'ont toujours compris ainsi.

L'accession des femmes aux métiers d'hommes prépare la ruine de la famille et de la société.

Au sujet des *droits politiques*, nous dirons

qu'en politique il n'y a pas de justice absolue, il n'y a qu'une justice relative ; la première condition pour qu'une chose soit considérée comme juste par une communauté est qu'elle soit conforme à l'intérêt général. Or, il ne serait pas conforme à l'intérêt général d'étendre les droits politiques de la femme parce que ses aptitudes physiques, morales et intellectuelles ne sont pas du même ordre que celles de l'homme et ne sauraient y être employées utilement ; les meilleurs d'entre elles sont à la merci de leur sensibilité.

Et en ceci, que les femmes ne se considèrent pas comme des victimes, elles sont des privilégiées !

Au point de vue social, si les femmes savaient combien, sans abandonner, habituellement du moins, la tranquille royauté de leur domaine intérieur, elles peuvent, par leur action sur leurs fils et leurs maris, exercer d'influence sur la vie extérieure, travailler à la paix sociale et à la paix internationale, elles changeraient le monde et feraient plus pour le bonheur et pour l'honneur de nos malheureuses sociétés, que toutes les combinaisons des grands politiques et toutes les prétentions des soi-disant réforma-

teurs qui sèment autour d'eux la désunion et
la haine !

Gouvernement républicain. — C'est
énoncer une vérité commune que de dire que les
citoyens d'une république doivent avoir à un
plus haut degré que ceux d'un pays où un pouvoir monarchique absolu assure l'observation des
lois, le sens profond de la discipline, l'acceptation complète du droit des gens et l'esprit de
sacrifice qui doit faire s'effacer l'intérêt particulier devant l'intérêt public.

On a dit souvent que l'intérêt général est fait
des intérêts particuliers ; mais il faut que, toujours, ces intérêts particuliers aient le sentiment de l'intérêt général, qu'ils se subordon-
nent à lui, qu'ils le comprennent, qu'ils le ser-
vent.

Un organe des intérêts nationaux et généraux
est nécessaire, mais cet organe ne vaut que s'il
dure ; la continuité du pouvoir central permet
les longs et patients desseins et peut seul supporter de larges libertés. Il faudrait donc, en démocratie, bien choisir ses gouvernants et ne les
remplacer que s'ils perdent leurs qualités, ce
qui ne se peut en monarchie.

L'art suprême du chef de gouvernement est

de savoir choisir ses collaborateurs, de tirer d'eux tout ce qu'ils contiennent, de le comprendre mieux qu'eux et de le transformer en vues de génie et pratiques.

Parlementarisme. — Il faut pratiquer d'une façon absolue le principe de la séparation des pouvoirs.

C'est un immense danger, pour les libertés individuelles et pour les droits du peuple, qu'une Assemblée qui assume tous les pouvoirs, qui envahit tout, qui se fait législative et exécutive et qui forme, elle et sa clientèle, une aristocratie plus égoïste et plus oppressive, une aristocratie de curée plus féroce que toutes les aristocraties et toutes les royautés ; nécessité, pour la contenir, d'une presse libre qui la surveille et qui la dénonce, et d'un partage de sa souveraineté, même législative, avec le Chef de l'État, qu'il soit *roi constitutionnel* ou *président de république*, ce qui est exactement la même chose ; nécessité de mœurs publiques qui soient telles, s'il est possible, que jamais le peuple ne se croie libre pour avoir délégué sa souveraineté à des délégués qui l'oppriment.

Il est bien désirable que nos représentants apportent un peu plus de diligence dans l'élaboration des lois. Il est extrêmement difficile aux hommes d'envisager une question avec tous les aspects qu'elle peut présenter. Nous ne voyons, en général, la chose que d'un côté ; c'est pourquoi tant de disputes inutiles s'élèvent entre nous. C'est donc à acquérir une vue d'ensemble des questions que les parlementaires doivent surtout s'attacher.

Quelle doit être la *représentation du pays ?* Le principe des sociétés modernes, c'est la souveraineté du peuple. La conséquence de ce principe c'est la participation de **tous** au pouvoir législatif, par représentation.

Le système majoritaire a besoin d'atténuations et de correctifs. Le préjugé funeste de la souveraineté de la force aveugle au point de faire croire qu'on peut tout oser, tout éviter par la seule supériorité du nombre.

L'idée base de la démocratie suivant sa définition, c'est le gouvernement de tout le peuple par tout le peuple également représenté.

Dans une démocratie réellement égale, tout parti, quel qu'il soit, serait représenté dans une proportion, non pas supérieure, mais identique à ce qu'il est.

Homme pour homme, la minorité devrait être

représentée aussi complètement que la majorité. Sans cela, il n'y a pas d'égalité dans le gouvernement, mais bien inégalité et privilège. Là où il n'y a pas égalité de représentation on peut poser hardiment en fait qu'il n'y a pas de démocratie.

L'essence de la *démocratie* c'est l'égalité ; et partout où les minorités risquent d'être étouffées, que dis-je ? partout où elles n'ont pas leur influence proportionnelle sur la direction des affaires publiques, le gouvernement n'est, au fond, qu'un gouvernement de privilège au profit du plus grand nombre.

Si les minorités sont exclues des parlements, si elles n'ont pas voix au chapitre, il n'y a plus de régime parlementaire.

La représentation des minorités est inséparable du suffrage universel comme elle est inséparable des principes d'équité et de justice au point de vue de l'organisation du scrutin.

Donc, pour rendre impossible la domination de la France par un seul parti, le mode de scrutin le plus rationnel, celui qui répond le mieux à l'idée de justice semble être le scrutin de liste suffisamment élargi, une représentation proportionnelle de tous les partis.

Fonctionnarisme. — Le nombre des fonctionnaires français émargeant au budget de l'Etat est en progression continue. Si ce mouvement persiste, le moment n'est pas très éloigné où tous les Français seront fonctionnaires et on entrevoit l'époque où il n'y aura plus du tout de paysans.

Cet accroissement effrayant du fonctionnarisme, qui dépeuple les campagnes, tarit les sources de l'activité industrielle et commerciale, est dû aux erreurs conscientes et intéressées de nos politiciens. Ils créent sans cesse de nouveaux emplois afin de se faire de fidèles amis — et électeurs — de ceux à qui ils procurent des places.

Le Parlement vote sans relâche des augmentations d'appointements, comme s'il était nécessaire d'attirer les solliciteurs, alors qu'il s'en présente trois mille pour le plus chétif surnumérariat.

Enfin, l'extrême-gauche favorise de toutes ses forces la constitution des syndicats de fonctionnaires qui soustrairont les employés de l'Etat à toute discipline, feront d'eux les maîtres du gouvernement, qui est censé leur donner des ordres, et du public qui les paie pour être servi et qui l'est fort mal.

Donc, faisons la chasse aux sinécures ; diminuons le nombre des fonctionnaires. Exigeons d'eux plus de bon travail et rétribuons-les en conséquence. Une décentralisation bien comprise, voilà le moyen.

Examinons maintenant quels sont les droits et les devoirs des fonctionnaires :

Au point de vue politique. — Si les fonctionnaires sont autorisés à déployer une activité politique au profit du gouvernement et de la majorité, comment leur interdire de combattre pour d'autres idées ? C'est la porte ouverte à l'arbitraire, à l'intrigue et au favoritisme.

La seule solution raisonnable, juste et rassurante pour tous, consiste à respecter pleinement la liberté de leurs sentiments personnels, mais à leur imposer une extrême réserve dans la manifestation publique de ces sentiments.

Chez lui, dans sa famille, avec ses amis, dans tout lieu privé, le fonctionnaire doit être entièrement libre ; point d'inquisition, point de fiches. Mais aussi, point de politique militante, ni pour le gouvernement, ni contre lui !

Un fonctionnaire est un citoyen, mais ce n'est pas absolument un citoyen comme les autres. Il est le serviteur de tous les autres, il leur doit à tous de ne blesser les convictions d'aucun d'entre eux. et de consacrer ses forces, non point au succès d'un parti. mais à l'accomplissement de sa mission d intérêt collectif En quoi il ne se diminue point ; au contraire, il se garantit et sauvegarde sa dignité.

Nul n'est tenu d'être fonctionnaire : lorsqu'on bénéficie des **privilèges** attachés à cette carrière où l'on est volontairement entré, il en faut accepter aussi les obligations. Celles-ci résultent de la nature des choses et toute tentative pour ruser avec elles aboutit à une impasse.

Sous la République, les minorités doivent pouvoir exercer leurs droits comme les majorités, sans être traitées en parias, et l'indépendance du caractère ne saurait, en aucun cas, pour qui en fait preuve, entraîner la brimade administrative. Tous les administrés sont égaux en droits dans les matières qui sont du ressort de l'administration et, méconnaître ces droits, quand ce sont des citoyens appartenant à un parti d'opposition qui les revendiquent, c'est faire mentir la République à sa mission même.

Envers les particuliers. — Nul ne doit perdre de vue que les fonctions publiques, à tous les degrés de la hiérarchie, s'exercent par délégation tacite du public et à son seul profit.

Tous les fonctionnaires, par une conception de leur rôle, louable peut-être dans l'intention, mais erronée à coup sûr, manifestent encore une tendance à se régler d'après une sorte de point de vue administratif distinct de l'intérêt public.

Il n'y a, il ne saurait y avoir d'autre point de vue administratif que celui qui consiste à adapter chaque jour plus parfaitement le jeu de l'organisme aux besoins qu'il a mission de satisfaire.

Les fonctionnaires et leurs agents ne peuvent donc être que déférents et courtois envers le public puisqu'ils sont préposés à son service et que c'est lui qui les paie. Il en est, au contraire, bien peu, dans notre pays, qui soient pénétrés de cette vérité. La plupart sont persuadés que la fonction est créée pour le fonctionnaire et non pour le contribuable. De là à considérer celui-ci comme un fâcheux, un indiscret, quand il réclame les services qui lui sont dus, il n'y a qu'un pas.

Il est donc utile de rappeler les fonctionnaires, **et surtout leurs employés**, au sentiment du devoir envers les administrés. Il est bon de prescrire aux agents des services de l'Etat l'urbanité et une courtoisie parfaites à l'égard du public ; ils oublient trop souvent cette obligation élémentaire, et plus il y a de modestie dans leur situation, moins on en trouve dans leurs attitudes.

En ce qui concerne le personnel féminin, on a souvent l'occasion de remarquer qu'il se fie un peu trop à ses grâces naturelles et n'y ajoute pas toujours l'obligeance et la bonne humeur.

Il va de soi que les particuliers doivent se montrer également courtois et polis.

DE LA PROPRIÉTÉ — DU CAPITAL

La propriété est le fondement de la société humaine et la véritable base de l'économie politique.

Le droit individuel de propriété découle de la liberté du travail qui est la première de toutes les propriétés ; il est le plus énergique ressort de l'activité humaine.

Etre propriétaire, dans toute la force du terme, c'est être libre de posséder les choses ou d'en disposer, de les échanger, de les donner et de les transmettre.

La propriété et la liberté sont étroitement unies entre elles.

La propriété *individuelle* ne se justifie pas moins par des raisons tirées de son utilité sociale. Là où manque une pensée d'avenir, point d'amélioration sérieuse.

Il en est de même pour l'héritage : celui-ci donne à l'autorité du père de famille, à son esprit d'épargne, un immense ressort et devient par là le principe de nouvelles richesses sociales qui n'auraient pas été créées sans lui et qui profitent à tous. même aux plus dénués.

Qu'on nous permette ici une digression : En regard de la haute utilité sociale que nous lui attribuons, nous ne pouvons nous dispenser de reconnaître à l'héritage l'inconvénient que représente à nos yeux, au point de vue de la sociabilité. cette faculté d'acquérir sans effort et reposant uniquement sur la disparition des êtres. Ce droit légal ne vient-il pas, trop souvent hélas ! fausser ou altérer la pureté des relations entre parents ?

Comment remédier, en partie du moins, à ce fâcheux état de choses, dù à l'imperfection de notre nature ?

Il nous semble : 1° qu on pourrait limiter davantage la vocation héréditaire; 2° que le *droit* à héritage devrait aussi comporter un *devoir*, la part de l'ayant droit étant susceptible de diminution lorsque celui-ci viendrait à démériter (le surplus devant faire retour à l'État au profit de l assistance aux familles nombreuses). Les modalités d'application feraient l'objet d'un règlement après un examen très approfondi.

Nous voulons seulement indiquer ici le principe qui ne nous paraît pas contraire à l'idée d'une bonne justice sociale.

La propriété *collective* a pour inconvénient de ne pas stimuler suffisamment l'activité du propriétaire.

Que l'on retranche la propriété individuelle et l'héritage, tous les hommes obligés de songer aux étroites nécessités du moment, courbés sous le poids d'un travail matériel et pénible, n'ayant ni le temps, ni le droit de songer à l'avenir, resteront abaissés au même niveau ; toutes les générations tourneront dans le même cercle d'ignorance et de misère. Les arts, les sciences, les lettres seront abandonnés. L'industrie elle-même qui répond aux premières nécessités de l'existence, s'accommode mal d'un pareil état; elle ne peut se passer du développement des sciences et, d'autre part, elle n'est possible qu'à l'aide d'une certaine concentration de capitaux sans laquelle il n'y a ni suffisante division du travail, ni un suffisant appât à l'esprit de perfectionnement.

Sans la propriété permanente, avec toutes les conséquences que ce mot implique, l'industrie végétera misérablement dans la reproduction des mêmes formes imparfaites, ou se consumera en essais infructueux.

L'assistance du capital est nécessaire pour vivre et pour travailler. Sans capital, pas de matières premières, pas de salaires assurés.

Mais, encore une fois, comme il n'est rien d'absolu en ce monde où tant d'inconnu nous environne et nous environnera toujours, il importe que les biens acquis en vertu de ce droit de propriété, ne s'accroissent pas indéfiniment sur les mêmes têtes. Il est certain que le propriétaire heureux, celui qui a réussi, n'en est pas arrivé là uniquement par ses seuls moyens. D'autres l'ont aidé, soit directement, soit en achetant ses produits, enfin de toutes façons, sans compter ce qu'il peut avoir reçu par héritage; ceci fait encore constater une fois de plus l'existence de la solidarité humaine. L'inégale répartition des destinées qui font que l'un naît dans un état barbare et l'autre dans une civilisation avancée; tel dans un climat meilleur et sur une terre plus libre et plus heureuse; celui-ci au sein d'une famille où il ne reçoit que d'honorable exemples et qui lui transmet l'aisance; celui-là dans une famille héréditairement misérable et vicieuse; cette inégale répartition qui comble les uns d'un bonheur presque continu, tandis que la vie des autres n'est qu'un tissu de chagrins et d'amertumes, il est inutile de la nier ; il faut chercher à l'atténuer.

Il faut donc, dis-je, que les heureux se considèrent comme l'économe chargé de gérer le dépôt qui lui a été confié, viennent en aide aux malchanceux, aux déshérités par l'abandon d'une partie notable de leur superflu et cela, non par condescendance, mais par devoir strict, par fraternité humaine.

Nous allons voir, en examinant la question des impôts, combien cette entr'aide pourrait devenir facile avec un peu de bonne volonté et moins d'égoïsme.

DE L'IMPOT

Il y a dans tout pays des besoins collectifs auxquels l'industrie ne peut satisfaire complètement.

La société charge alors de ce soin, soit l'Etat, soit les autorités qui représentent d'autres circonscriptions moins étendues et elle subvient aux dépenses que nécessite la satisfaction de ces besoins par une quote-part prélevée sur les différents membres. Cette quote-part prend le nom d'*impôt* parce que nul ne peut s'y soustraire une fois qu'elle a été consentie légalement par les personnes déléguées à cet effet.

Le but de l'impôt est donc de pourvoir aux dépenses des fonctions dont sont chargées certaines collectivités : Etat, départements, communes.

Ce qui précède démontre suffisamment, selon nous, la nécessité et la légitimité de l'impôt. Ce que nous voulons surtout rechercher ici, ce

sont les meilleures règles de justice en matière
de perception fiscale :

1° *Sur quelles classes doit peser l'impôt ?*

Sur tous les citoyens qui sont en état de le
payer, puisque tous les citoyens reçoivent la
protection de l'Etat et participent au bienfait de
ses services généraux.

Point d'exemption en bas, à moins d'indigence reconnue ; point d'immunité en haut.

Nous avons vu, à propos de l'assistance,
qu'on doit toujours réprouver les formes qui
pourraient porter atteinte à la prévoyance et à
la responsabilité individuelle. En conséquence,
il faut toujours admettre, qu'en dehors de l'indigence pure, tous les citoyens doivent partici-
per, dans une mesure, si minime soit elle, aux
charges générales ; la dignité de tous est ainsi
sauvegardée.

Donc, toutes les classes doivent payer l'impôt
d'une manière proportionnée aux ressources de
chacun, dans la mesure des avantages que le
contribuable trouve dans l'œuvre de protection
commune.

2° *Sur quoi doit porter l'impôt ?*

Au nom de la nécessité, comme de l'équité,
c'est évidemment sur toutes les branches du

revenu, sur tous les produits du travail, sur tous les genres de propriété que l'impôt doit être établi.

3° *Cet impôt sera-t-il unique*, c'est-à-dire assis directement sur le revenu de chacun?

Cette forme aurait assurément de grands avantages, mais elle présente aussi de graves inconvénients en exposant les contribuables, de la part de l'Etat, à des perquisitions vexatoires et l'Etat, de la part des contribuables, à des dissimulations et à des fraudes.

Bien que ces difficultés n'aient pas été partout et toujours insurmontables, il faut considérer, selon toute apparence, l'unité absolue de l'impôt comme un idéal dont on pourra se rapprocher, mais sans qu'on puisse jamais le réaliser complètement. Nous le regrettons, pour notre part.

4° *Où est la justice en matière d'impôt?* Est-elle dans la fixité, la proportionnalité ou la progression?

L'impôt *fixe* serait peu équitable.

L'impôt *proportionnel* paraît, de prime abord, répondre au principe de la justice absolue. Cependant, en nous référant à ce que nous avons dit du droit de propriété et de son correctif, la solidarité sociale, ne semble-t il pas juste et humain que l'impôt soit *progressif*?

C'est-à-dire qu'il permette de prendre un peu plus aux riches pour prendre moins aux pauvres. Ce n'est pas le nécessaire, ni même l'utile qui est taxé plus fortement ; c'est le *superflu*.

Supposons l'impôt unique : voici deux contribuables, l'un jouit d'un revenu de 1.000 fr. ; l'autre d'un revenu de 100.000 francs Admettons un impôt proportionnel du 1/20. Considérez-vous que le sacrifice du premier, redevable de 50 francs, équivaut à celui du second redevable de 5.000 francs? Ce manque de 50 francs n'est-il pas infiniment plus pénible au premier que cet abandon de 5.000 francs au second? Et verriez-vous sérieusement une injustice dans une taxation progressive? Au nom de la fraternité humaine je ne puis admettre cela.

Il n'est nullement question ici du nivellement des fortunes, même s'il s'agissait d'impôt sur le capital : c'est un axiome que la ruine ou l'appauvrissement des riches fait la misère de tous. De quoi vivent les travailleurs, si ce n'est des capitaux qui se répandent sur tous les points du pays ; ce serait folie de vouloir inquiéter la fortune acquise. Ce que nous lui demandons, répétons-le encore, c'est d'agrandir un peu le sacrifice d'une part de son superflu.

Donc, notre idéal serait un impôt *progressif*, mais avec des limites étroitement définies, établies avec une modération relative. Enfin, un système bien étudié qui ne mette pas la fortune publique à la discrétion du législateur.

5° *Puisque l'impôt absolument unique est reconnu difficilement réalisable, quelles seront les diverses sortes d'impôts ?*

Nous n'avons pas la prétention de traiter à fond cette grosse question ; quelques généralités seulement :

Il existe en France un système comprenant des impôts *directs* et des impôts *indirects*.

Les seconds sont à conserver, sous réserves d'améliorations, de modifications suivant l'état des besoins.

Quant aux premiers dont les pouvoirs publics étudient la transformation depuis plusieurs années, nous ne parlerons seulement ici que des droits de succession qui sont, évidemment, un impôt sur le capital.

Et c'est l'impôt que nous trouvons le plus juste en admettant qu'il doit être établi d'après un tarif doublement progressif, suivant l'étendue de la succession et selon le degré de parenté. Comme nous venons de l'exprimer à la page précédente, il faudrait, après, une étude approfondie, arrêter ce tarif *ne varietur* et consacrer les sommes provenant de cet impôt à l'alimentation d'une *caisse nationale* destinée à parer à tous les besoins de l'assistance sociale.

Il n'y aurait plus ainsi d'inquisition pendant la vie du contribuable, la recherche de la totalité de ses biens n'ayant lieu qu'à son décès, comme cela se pratique actuellement.

Que peut-on objecter à ce système ? socialisme, communisme, nivellement ? Pas le moins du monde. Serons-nous donc toujours les esclaves des mots ? Pourquoi n'emprunterait-on pas à un système ce qu'il peut présenter de bon et d'applicable à l'idéal que l'on poursuit ? Est-ce là adopter le système entier ?

Les héritiers, c'est-à-dire les bénéficiaires d'un bien qu'ils n'ont, du moins dans la majorité des cas, contribué en rien à créer, sont mal venus à se plaindre d'en voir une portion consacrée aux intérêts publics de la société.

L'intégrité du bien de famille n'est-elle pas suffisamment sauvegardée par l'abaissement de la retenue en ligne directe, au premier et au second degré ?

Ce n'est pas, comme on l'a dit, combattre le développement normal de la fortune ; c'est seulement mettre un frein à son développement indéfini et cela au profit d'une haute nécessité sociale, l'assistance aux déshérités.

Ce qu'il faut, ne nous lassons pas de le dire, c'est un tarif sagement progressif et soustrait à l'arbitraire par une clause de la loi. Il y a là une question de mesure à observer. Et nous estimons que, si l'impôt, contribution forcée, est le prix dont nous payons les services que nous rend l'Etat, il faut aussi le considérer comme une *dette* de solidarité sociale et de fraternité humaine...

Si le produit de cet impôt ne suffit pas à pourvoir à tous les besoins, le meilleur moyen, à notre avis, d'alimenter la caisse nationale d'assistance serait l'addition d'un ou plusieurs décimes suivant le cas, aux contributions existantes : on serait ainsi assuré que personne ne pourrait se soustraire à son devoir social.

Ne pourrait-on pas agir de même en cas de calamité publique en suppléant aux quêtes et souscriptions (ou mieux en les remplaçant ?) par un impôt dit de *solidarité*, applicable seulement aux communes non éprouvées par le fléau ; impôt, qui atteindrait le capital et le revenu dans des proportions très supportables pour chacun et qui, néanmoins, suffiraient aux besoins ?

Exemple. — Impôt progressif de :

1 à 15 p. 1.000 sur le capital au-dessus de 10 000 francs.

1/2 à 8 p. 1.000 sur le revenu au-dessus de 2.500 francs.

2 à 10 p 1.000 sur le capital des sociétés par actions.

Le maximum, ne pouvant pas être dépassé, pourrait aussi ne pas être atteint ; et le taux applicable à chaque tranche serait calculé de façon à ce que le total général ne dépassât pas le montant des besoins.

ORGANISATION DU TRAVAIL

Quelques mots seulement.

Apprentissage. — Il existe depuis longtemps déjà une véritable crise de l'apprentissage : il n'est plus formé de bons ouvriers.

Ce sont les conditions de la vie moderne et du travail mécanique qui ont provoqué la crise.

Les familles ouvrières, pressées par des besoins de plus en plus grands, ne veulent et ne peuvent plus s'imposer le sacrifice qui résulte de l'entretien d'un jeune homme pendant les trois ou qua're ans que dure l'apprentissage d'un métier. Elles préfèrent l'introduire. soit dans les fonctions publiques subalternes, soit dans les emplois commerciaux, soit enfin dans les métiers où, spécialisé au service d'une machine, l'enfant gagnera d'emblée un salaire.

Les *syndicats ouvriers* sont également hostiles à l apprenti, celui-ci est, en effet, pour les compagnons, un concurrent qu'il faut éviter.

Enfin, le *patronat* se refuse également à faire des apprentis. Il invoque l'aggravation pour lui des lois de protection ouvrière. Il croit aussi n'avoir plus besoin d'ouvriers complets.

Il y a urgence à remédier à ce déplorable état de choses. N'ayant pas le loisir d'étudier cette question très complexe, nous ne faisons que la signaler.

Participation aux bénéfices. — Partisan résolu de cette association du capital et du travail qui apaiserait bien des haines, nous donnons en *appendice*, à la fin de notre étude, un exemple de cette organisation telle que nous la comprenons.

ALCOOLISME

L'alcoolisme est un fléau qui, s'il n'était pas enrayé, nous acheminerait sûrement vers la dégénérescence.

Les moyens de le combattre ne font pas défaut.

Pour les employer, il faut que nos législateurs, se préoccupant un peu moins de leurs intérêts électoraux, pensent un peu plus à l'intérêt public et votent les mesures préservatrices réclamées depuis longtemps, telles que :

La limitation des débits ;

La réduction des heures d'ouverture ;

L'interdiction de la vente et de la fabrication des stupéfiants ;

L'augmentation des taxes et des licences ;

La suppression du privilège des bouilleurs de crû ;

L'application stricte de la loi de répression de l'ivresse publique, qu'on pourrait compléter par le retrait des droits électoraux à tout individu pris pour la seconde fois en état de récidive.

Dans l'application de toutes ces mesures, nous admettons qu'il peut y avoir lieu à certains ménagements, même à indemnités ; mais ce qui importe avant tout, c'est de dégager l'avenir. Il y a extrême urgence.

Allons ! Messieurs les Députés, un peu de courage ; il y va de l'avenir de notre race !

DÉPOPULATION

Tout le monde comprend que la dépopulation est un sérieux danger pour la nation. Pour la combattre, il y a deux questions à envisager ; la diminution de la mortalité infantile et l'augmentation de la natalité.

Sur le premier point des efforts sérieux sont poursuivis avec succès ; nous ne nous occupons donc ici que du second.

La question est ardue. On peut toujours indiquer sommairement ce qui est désirable :

Il faut que l'Etat tienne compte de la nécessité d'enrayer la dépopulation dans l'exercice de ses attributions normales en matière d'impôts, d'assistance et de police.

Il faut, par certaines dispositions spéciales dans les lois financières, sociales ou militaires, tenir compte des charges de famille pour les rendre plus faciles à supporter : taxe sur les célibataires (hommes); avantages aux familles nombreuses (dégrèvements, allocations) en ce qui concerne les impôts, les héritages, l'assistance, les pensions, le service militaire, l'instruction, etc... et, s'il le faut, une prime à chaque nouveau-né, à partir du second. Il serait juste et désirable que le vote plural fût accordé aux chefs de famille.

Nous ne pouvons entrer dans le détail des mesures à prendre, ni les énumérer toutes. Vu leur complexité, il est indispensable qu'elles soient mûrement étudiées par une commission de jurisconsultes éprouvés. Nous ne voulons ici que suggérer, ou rappeler après tant d'autres, des idées qui nous semblent justes.

En outre, nous tenons surtout à faire remarquer que les mesures législatives ne sont pas tout. Il faut, avant tout, pour obtenir de bons résultats, une modification des cœurs et des volontés engendrée par la conviction des esprits.

La propagande par tous les moyens amènera cette modification. Il y a urgence.

MILITARISME

Il ne s'agit pas ici de régime du sabre. Une force armée permanente est-elle nécessaire ? Telle est la question.

L'idéal auquel nous devons aspirer, c'est le travail assuré pour tous dans la concorde et la paix. Il ne peut être atteint que si tous les peuples civilisés consentent unanimement à l'observation des règles de conduite qu'impose la solidarité humaine, sentiment dont nous nous efforçons de démontrer, dans cette étude, la justice et la nécessité pour la paix intérieure comme pour la paix extérieure.

Mais tant que cet idéal ne sera pas obtenu, tant qu'un Etat atteint de mégalomanie, et ne reconnaissant que le culte de la force, se laissera diriger uniquement par ce principe brutal, il est de toute évidence qu'on ne peut songer à la réduction si désirable des armements, mesure qui exige l'unanimité, et que les autres Etats se trouvent dans l'*obligation* d'entretenir une force militaire suffisante pour que, tous ligués contre la barbarie, ils soient en mesure d'assurer le dernier mot à la civilisation.

Il faut donc, pour ne pas être à la merci d'une attaque possible, que le gouvernement de chaque Etat s'appuie sur une force bien et solidement organisée laquelle, à tout le moins, sera toujours pour la jeunesse qui passera dans ses rangs, une salutaire école de virilité, de discipline et d'abnégation dont toute la nation ressentira les bons effets.

En cas d'agression, l'armée active sera le solide noyau indispensable .auquel viendront adhérer les forces mobilisables du pays, dans la mesure nécessitée par les circonstances.

L'armée doit être envisagée comme la grande maison, de santé où se font les redressements moraux ; où le jeune homme de vingt ans participe à une vie purement collective, solidaire, hygiénique et désintéressée ; où la loi d'égalité règle la distribution des rôles. Par la camaraderie militaire, les soldats' se secourent, s'entr'aident, devinent les besoins ou les peines les uns les autres. Et cet altruisme, reporté dans la vie civile, travaille efficacement au rapprochement des classes et tend vers le but idéal qui est la *fraternité*. C'est ainsi que comprennent leur rôle d'éducateurs les véritables chefs militaires.

Quant à la conservation de l'énergie nationale, point n'est besoin de massacre pour cela : ce qui maintient l'énergie, c'est l'effort ; or l'effort ne consiste pas uniquement dans la recherche exclusive des intérêts matériels ; la civilisation lui offre assez d'occasions désintéressées et passionnantes, quoique pacifiques, lesquelles, conjointement avec l'éducation morale et physique et la pratique raisonnée des sports, si nombreux et si variés, assureront efficacement le ressort des âmes.

Mais, encore une fois ici comme en tout il faut de la mesure ; le travail intellectuel ne doit pas être sacrifié. A chaque chose sa part, et surtout ne pas confondre, comme on le voit souvent, entraînement avec éreintement.

INTERNATIONALISME

En entreprenant cette étude nous n'avions tout d'abord en vue que là paix intérieure de notre pays, mais l'enchaînement des idées nous a conduit naturellement à envisager aussi la question des relations extérieures et, par là même, à rechercher les éléments d'une meilleure société humaine.

J'entends par le mot *internationalisme* le régime de la *paix entre les nations*. Celles-ci vivent sous le régime de chacun pour soi en le comprenant dans le pire sens. Même en paix, elles sont toujours en état de guerre.

C'est le droit de la *force* dont on limite les effets au moyen de la politique d'équilibre, une prépondérance qui permette de tirer à soi les avantages de la vie internationale et d'imposer son arbitraire en évitant l'arbitraire d'autrui.

Cet équilibre matériel recherché entre les Etats ne peut se maintenir opérant qu'au prix d'un perpétuel appel à la force. Etre forts, soi ;

avoir des alliés forts ; s'ils s'affaiblissent, en chercher de plus forts ; si le camp adverse accroît son armement et ses ressources, s'évertuer en proportion : c'est la fatalité du système. Et l'on se trouve engagé dans un cercle d'enfer.

Pourquoi ce désordre qui, au dedans de chaque nation, a été vaincu parce qu'on a consenti à la limitation des égoïsmes, subsiste-t-il au dehors sous prétexte d'autonomie ?

Pourquoi le même gouvernement, qui prétend assurer au dedans le règne de la justice, se refuse-t-il de s'y soumettre au dehors?

La sociabilité, qui commence avec la famille, ne s'achève pas avec l'Etat. La société *internationale* est le cas le plus élevé de la sociabilité et elle en doit subir les exigences. La société s'étend jusqu'où s'étend la vie raisonnable.

L'Europe est une confédération d'Etats réunis par l'idée commune de la civilisation. L'individualité de chaque nation est constituée, le plus ordinairement, par la race, la langue, l'histoire, la religion, mais aussi par quelque chose de beaucoup plus tangible, par le consentement actuel, par la volonté qu'ont les différentes provinces de l'Etat de vivre ensemble.

Il est impossible d'admettre que l'humanité

soit liée, pour des siècles indéfinis, par les mariages, les batailles, les traités des créatures bornées, ignorantes, égoïstes qui, au moyen âge, tenaient la tête des affaires de ce bas monde.

Une nation est une grande association séculaire entre les provinces, en partie congénères, formant noyau, et autour desquelles se groupent d'autres provinces liées les unes aux autres par des intérêts communs, ou par d'anciens faits *acceptés* et devenus des intérêts.

Nous regardons comme une sorte de droit divin, le droit qu'ont les populations de ne pas être transférées sans leur consentement ; nous n'admettons pas les cessions d'âmes.

Toute annexion de pays sans le vœu des populations est un crime et une faute. Nous ne pouvons admettre qu'une population soit confisquée contre son gré.

C'est donc la politique du droit des nations qui, seule, nous semble devoir assurer, sur de solides bases, la paix entre les peuples.

Mais qui départagera les nations dans leurs différends ? « J'aime ardemment mon pays par-dessus tout, et je comprends que vous aimiez, que vous devez aimer le vôtre de même ».

Cette pensée adoucit et tempère la raison d'Etat, mais elle est essentiellement réaliste et l'antipode du cosmopolitisme. C'est par le respect réciproque du sentiment national, c'est par l'amour de chaque peuple pour sa patrie, que tout peuple peut arriver à comprendre et, par suite, à respecter la patrie d'autrui.

Chacun de nous, en tant qu'homme, a des devoirs généraux envers le monde entier ; mais, de plus, selon les circonstances où le destin l'a placé, selon son milieu ou sa race, il a des obligations plus particulières envers ceux qui l'entourent. L'idée de patrie, ainsi interprétée, vient se superposer à l'idée d'humanité, sans l'annihiler, comme sans être annihilée par elle.

L'amour de l'humanité n'atrophie pas forcément celui de la patrie. Le dévouement civique et la fraternité humaine restent deux obligations primordiales qu'il est parfois difficile de concilier, mais dont il est encore plus impossible de sacrifier l'une ou l'autre. Elles sont comme des degrés d'une seule et même morale. Les deux sentiments ne se combattent point, ils s'aident bien plutôt, puisque tous deux tendent·à arracher l'homme à l'égoïsme.

Pourquoi n'arriverait-on pas à résoudre par l'arbitrage les questions pendantes entre les nations ? Pourquoi une Haute-Cour internationale composée d'arbitres nommés par les différentes puissances, dans la plénitude de leur choix et de leur volonté, ne réussirait-elle pas à apaiser les différends ?

Certes, les jugements de ce tribunal suprême ne pourraient s'imposer par la force, mais pourquoi ne le seraient-ils pas par la persuasion ?

Avant tout jugement, chaque puissance devrait s'engager à ne pas le contester et, du reste, cet engagement ressort implicitement de la constitution même de cette Cour, chaque nation ayant choisi librement les membres les plus capables et les plus dignes de la représenter.

Il faut, de toute évidence, qu'existe au préalable la bonne volonté des puissances à se soumettre à la loi. Est-ce donc impossible ? je ne le crois pas.

Pourquoi une sanction prononcée dans le recueillement, la sagesse et l'expérience par des hommes indépendants, d'une moralité éprouvée, consacrés à l'étude des questions internationales et sociales, serait-elle moins acceptable par un peuple que celle des juges ne l'est pour une famille ?

Nous nous demandons aussi pourquoi, comme cela a été fait pour la Cour de La Haye, tenir en dehors de la compétence de ce haut tribunal d'arbitrage, certains cas où serait, dit-on, plus spécialement engagé l'honneur des Etats? Nous ne voyons pas la nécessité de cette restriction.

Lorsque, dans une affaire d'honneur entre particuliers, les témoins n'arrivent pas à s'entendre, que fait-on ? On soumet le litige à un arbitre faisant autorité aux yeux de tous et, selon la décision de celui-ci, le duel a ou n'a pas lieu.

Dans ce dernier cas, l'honneur des deux adversaires est-il atteint parce qu'ils ne se sont pas battus.

En aucune façon.

Pourquoi en serait-il autrement pour les collectivités que pour les individus? Pourquoi, à l'exemple de ceux-ci, celles-là ne se soumettraient-elles pas à la décision d'une Cour suprême internationale composée, ne nous lassons pas de le répéter, en nombre suffisant d'hommes compétents, choisis par leurs compatriotes, parmi les plus éminents, les plus ver-

tueux, les plus désintéressés, les plus prudents,
les plus dignes en un mot d'exercer cette haute
magistrature ? Et en quoi l'honneur d'une
nation aurait-il à souffrir de la décision de ces
juges estimés et respectés de tous?

*N'est-il pas déplorable que, pour arriver à
s'entendre, les peuples soient tenus de s'entr'égorger ?*

L'œuvre s'accomplira par la sagesse de tous.

La force du principe de l'arbitrage s'impose
plus fermement à la conscience humaine avec
la promesse de supprimer l'injustice qui pèse
sur les peuples vaincus, la mauvaise foi qui
préside aux traités conclus sous la pression
d'une force et le malaise qui trouble sans cesse
l'œuvre du travail.

Espérons que la science et la paix triompheront de l'ignorance et de la guerre, que les peuples s'entendront, non pour détruire, mais pour
édifier, et que l'avenir appartiendra à ceux qui
auront le plus fait pour l'humanité souffrante.

Si l'opinion que « l'homme est naturellement
bon » est une illusion, il n'en est pas moins vrai
que l'âme humaine est très maniable. Il suffit
de la cultiver d'une façon intelligente et soignée
pour en obtenir des résultats merveilleux.

Les doctrines de l'hérédité implacable ont fait leur temps.

Chaque éducateur peut, dans son petit domaine, faire des prodiges par les moyens les plus simples et purement personnels. Ainsi, il déracinera de l'âme des enfants les maux les plus graves qui empoisonnent la vie humaine : le *préjugé de la richesse* et *l'envie*. Il fera naître dans les jeunes consciences l'amour de la Bonté.

On créera ainsi dans l'âme de l'enfant un roc qui résistera aux atteintes de la vie. La bonté éduquée, qu'il ne faut point comparer avec la faiblesse, nous procure non seulement des hommes de devoir, mais aussi des héros du devoir. Il faut en faire une force auxiliaire de la société et, en même temps, une force créatrice.

Le monde ne sera sauvé, ou en passe de se sauver, que le jour où il sera pénétré de la nécessité de se respecter, de s'aimer et de s'assister dans la lutte commune contre l'erreur et le vice.

On aura remarqué dans cette étude des répétitions ; des opinions plusieurs fois renouvelées sous des formes diverses. C'est à dessein, car il est des vérités qui doivent être répétées à satiété pour forcer la persuasion et détruire la routine

Et c'est encore par une redite que je termine en livrant de nouveau à la méditation du lecteur cette pensée du début : *L'unique but de la vie est-il donc de se battre et de s'entretuer comme des bêtes ?*

1ᵉʳ juillet 1914.

A. MARNALDI

UN DERNIER MOT

La brusque conflagration des nations euro-
péennes (août 1914), ne nous a pas permis de faire
paraître plus tôt les pages précédentes écrites
avant la guerre.

L'horrible cataclysme que nous venons de
subir, le plus formidable conflit d'hommes que
le monde ait jamais vu, nous incite à redoubler
d'efforts.

Si la France (pour ne parler que d'elle),
odieusement attaquée, a donné le brillant spectacle du sursaut des énergies latentes de la
race dont les actes d'héroïsme ont dépassé en
nombre et en grandeur tout ce qui s'était vu
jusqu'ici, nos adversaires, par contre, ont
donné celui du réveil des instincts les plus bas
et les plus brutaux, en un mot, de la barbarie.

Ils ont pu, à loisir, pendant près d'un demi-
siècle, préparer par une organisation savante
et inhumaine, la plus épouvantable entreprise
de brigandage qui ait jamais menacé la civilisa-

tion. Le champ de bataille a été encombré par la collection complète des engins de destruction qu'ils ont inventés pour porter en tous lieux la mort et la dévastation. Tout ici a été essayé avec une ténacité méthodique et un parti pris de cruauté qui n'ont rien de commun avec la force impulsive et irraisonnée des bêtes fauves.

Les Teutons, barbares et hargneux, sont descendus par leur sauvagerie scientifique, au-dessous du règne animal, « au-dessous de tout ».

En présence des crimes sans nom dont ils se sont rendus coupables ; en présence des deuils et des tristesses innombrables occasionnées par la perte de nos glorieux morts ; en présence des tortures physiques et morales éprouvées par tant d'autres ; en présence des ruines accumulées, se trouvera-t-il encore une voix se refusant à admettre que s'impose, plus impérieusement que jamais, le devoir de chercher à rendre impossible le retour de pareilles hécatombes et de telles calamités ?

Cette guerre, voulue par nos ennemis et conduite par eux avec une cruauté et une violence dignes de véritables sauvages, au mépris de toutes lois et de toutes conventions, semble faire ressortir l'inanité des rêves pacifiques. Il semble que le temple de la fraternité soit détruit et ne se relèvera jamais de ses ruines

Ne nous laissons cependant pas abattre par ces tristes pensées et refusons-nous à considérer tant d'efforts comme irrémédiablement perdus : la réprobation universelle jointe au souvenir des terribles épreuves subies ne peuvent-ils pas déterminer chez nos ennemis une modification de leur mentalité ?

Est-il possible qu'il y ait encore des apologistes de la Guerre ? car, si inconcevable que cela puisse paraître. il a existé des penseurs pour soutenir qu'elle est un mal nécessaire ; que dis je ? pour lui trouver de la beauté !

Beauté de la guerre ! poésie de la guerre !! Quelle étrange aberration !

Poésie de l'action ! oui, certes. Mais poésie de la guerre ? beauté de la destruction et du carnage ??

Il n'est pas téméraire de présumer que les adeptes de cette philosophie de la guerre n'en ont pas subi personnellement les cruelles épreuves. Et n'en déplaise à leur mémoire, nous croyons que les gens sensés sont unanimement d'avis qu'elle est un détestable fléau.

Depuis le premier jour lointain où les hommes ont imaginé cette façon de discuter qui donna lieu à un nombre incalculable de tueries, le genre humain est parvenu à s'illusionner sur ce sport homicide et, afin de dissimuler son horreur supposée inéluctable, on l'a paré, afin de le rendre plus présentable, à force de panaches et de cavalcades, de broderies et d'oriflammes.

Aujourd'hui plus de maquillage ; dépouillée de tout cet appareil, la guerre apparaît si bien dans sa répugnante laideur que le monde civilisé reconnaît enfin la nécessité d'y mettre un terme.

Sans doute, les forfaits exécrables des Allemands et de leurs alliés ont engendré parmi nous une haine hélas ! trop justifiée, et il faudra du temps pour l'apaiser et réparer les pertes. Mais espérons pour l'humanité que ceux qui viendront après nous et se consacreront à cette tâche ne travailleront pas en vain. *Nous estimons que l'homme peut et doit vivre autrement que l'animal.*

D'ailleurs, la guerre n'existe point hors de l'humanité. Il y a, chez les animaux, des combats nécessaires et individuels pour subsister ; il n'y a point de guerre proprement dite, c'est-à-dire de lutte collective et arbitraire pour la domination et l'extermination. Quelle folie pousse donc les hommes à se crucifier les uns les autres, avant d'entrer dans l'éternité du silence ?

La guerre ne serait donc pas une « loi terrestre », mais une perversion, une rançon que rien n'interdit de regarder comme aussi contingente et provisoire que les famines, les épidémies et autres fléaux dont un travail plus poussé de civilisation nous délivre peu à peu. Mais pour extirper cette plaie de l'humanité, il faut absolument purifier les cœurs de l'*égoïsme* et de l'*intolérance*, ces deux grands obstacles à toute régénération. Nous nous sommes efforcé de les combattre dans ce travail dont, rappelons-le, c'est le principal objet.

Enfin, si malgré tout, une puissance quelconque ne trouve pas, dans sa propre force morale, la volonté de respecter le droit, il importe à l'avenir de la civilisation et de l'humanité qu'on le mette dans l'impossibilité de violer ce droit qui est la règle de la société des États civilisés.

Ce n'est certes pas, on le voit, la paix à tout prix que nous préconisons. Et c'est encore ici le lieu de nous élever une fois de plus contre la duperie et l'esclavage des mots détournés, par l'esprit de parti, de leur véritable signification.

Bien des gens paraissent attacher au terme *pacifiste* un sens injurieux. C'est une énorme injustice, ainsi qu'en témoigne hautement le sang si généreusement versé par nos plus éminents partisans de la paix accourus, parmi les premiers, à la défense de la mère-patrie.

Ce que nous voulons, c'est un patriotisme éclairé et respectueux des droits d'autrui ; une paix fondée sur le droit, la liberté et le respect des traités. paix non imposée, mais unanimement consentie et découlant naturellement d'une rénovation des mœurs, obtenue par la raison dominant l'instinct. Ce sera l'œuvre du temps ; efforçons-nous d'en abréger la durée.

La guerre peut disparaître, si les peuples savent le vouloir, comme ont disparu l'esclavage et les sacrifices humains.

Deux conceptions se disputent aujourd'hui, se disputeront demain dans le monde l'empire des hommes et des choses.

La première proclame que la lutte, l'antagonisme, la bataille sont les conditions nécessaires du progrès et du bonheur humain. Elle se réclame parfois de la théorie darwinienne de l'évolution ; elle a tort, car cette théorie montre, au contraire, que la lutte pour la vie (individuelle et non collective, répétons-le) s'exerce entre animaux d'espèces différentes, mais non, en général, dans l'intérieur d'une même espèce ; d'ailleurs, la lutte pour la vie fût-elle même la règle entre tous les animaux, cela ne prouverait pas que cette règle de *fait* doit être une règle de conduite ; tout ce qui caractérise la civilisation, c'est précisément une sorte d'insurrection, de révolte contre l'empire des nécessités de la nature. C'est la conception belliqueuse des choses qui pourrait se résumer : *le bonheur des uns fait le malheur des autres, et réciproquement.*

En face de celle-ci, il y a ce que nous appellerons la conception pacifique des choses qui estime que les intérêts humains sont solidaires et non antagonistes, que l'union fait la force, que la lutte est mauvaise ; nous voudrions la résumer ainsi : le *bonheur des uns fait le bonheur des autres.* C'est, dans l'ordre international, la conception des grandes nations pacifiques ; c'est dans l'ordre économique, celle des partisans de la liberté du travail, de l'exploitation sans limites des ressources naturelles, de la solidarité et de la concentration des moyens humains d'agir sur la nature.

Un argument exploité contre ceux qui espèrent pour l'humanité un avenir meilleur est celui des *faits* dont l'examen proclame, dit-on, la faillite du rêve humanitaire Mais ce sont précisément ces faits que nous voulons supprimer. Il faudrait prouver qu'ils existeront toujours sans modification possible ; c'est le nœud de la question.

L'école de l'expérience oublie au moins deux éléments d'importance capitale : l'*éducation* et la *volonté*.

L'humanité change, la civilisation se perfectionne ; lentement, dans l'homme, s'est formée la conscience, et de la conscience, peu à peu, est née la justice ; des fléaux (nous l'avons vu) ont été abolis Ce sont là aussi des *faits*.

En outre, les faits dont il s agit ne dépendent pas des lois physiques de la matière, mais de nos libres décisions. Nous avons le pouvoir de diriger notre vie et d'organiser nos sociétés selon les principes qui nous semblent les meilleurs.

En attendant le jour si désirable d'une paix

universelle que nous ne voulons pas cesser de croire possible (au moins pour les générations, futures) conservons donc la paix intérieure et continuons à être forts moralement et matériellement.

Un Etat fondé sur l'iniquité ne peut durer qu'un moment. La justice et l'honnêteté triompheront à la longue ; elles ne sauraient être une illusion et un mensonge !

Cet espoir d'une ère de bonté et de justice vers laquelle le monde doit s'acheminer n'est pas démenti, même par la présente guerre, puisque, aux horreurs du crime, la France et ses alliés ont opposé l'esprit d'amour et de sacrifice et pratiqué vaillamment les obligations de la solidarité humaine. C'est ainsi que la communion du sang aura rapproché des classes et des peuples qui se méconnaissaient et démontré le plus sacré des devoirs : la fraternité.

Notre idéal n'est donc plus une utopie ; la réalité s'en est considérablement rapprochée : remarquez, par exemple, entre autres : la consécration du principe nouveau du *droit à la réparation* des dommages de guerre ; l'acquiescement plus étendu des différentes nations aux questions de désarmement et d'arbitrage ; l'idée enfin, très en progrès, de l'établissement d'une « Société des nations »...

Enregistrons cet heureux résultat, si chèrement acquis, comme la justification de nos sanglants sacrifices, résultat que nos successeurs sauront maintenir intact et développer en gardant religieusement la mémoire de tout ce qu'ils doivent à nos héroïques et immortels défenseurs de 1914-1918.

A. M.

Novembre 1918.

APPENDICE

ESSAI D'UN PROJET D'ASSOCIATION DU CAPITAL ET DU TRAVAIL PAR LA PARTICIPATION AUX BÉNÉFICES

Préambule. — Nous ne prétendons pas que la participation aux bénéfices doive être rendue obligatoire ; nous avons conscience que, lorsqu'elle sera, par la propagande, un peu plus généralisée et que tout le monde aura pu en constater les bons effets, elle deviendra universelle.

Mais quant au mode à employer, il est certain qu'il ne peut être aussi que facultatif.

Imposer un système serait courir le danger de briser un merveilleux instrument de progrès en lui retirant la souplesse indispensable aux adaptations si variées, si délicates, qu'implique l'innombrable variété des situations dans le commerce, l'industrie ou l'agriculture.

Pour chaque cas particulier, une intelligence libre et responsable saura s'ingénier à résoudre les difficultés, et elle aura chance de trouver une combinaison pratique ; mais il n'y a pas de solution générale.

Ce que nous présentons ici n'est donc qu'un essai personnel et tout théorique. Notre seule ambition est de suggérer des idées.

Principe fondamental — Il est de bonne justice, cela nous semble indubitable, que les bénéfices d'une entreprise soient répartis entre tous ceux qui ont contribué à les réaliser et cela, selon l'importance de leur collaboration, soit pécuniaire, soit intellectuelle, soit manuelle. On doit, à cet effet, tenir compte: d'une part, au Capital, des charges et risques qu'il assure; d'autre part, au Travail, de son assiduité et de son attachement à la cause commune. La difficulté, réelle, mais non insoluble, réside dans le mode d'appréciation de ces éléments divers.

Nous avons essayé de les déterminer aussi judicieusement que possible dans le présent Essai. En tout cas, *la pratique en dévoilant les points faibles, permettra d'en modifier, au fur et à mesure, les modalités*, toujours dans le sens d'une plus stricte équité.

Nous envisageons ici le cas d'une grande industrie, d'une usine: Patron unique ou Société d'actionnaires.

Capital — Le Capital procure le matériel, en assure l'entretien et le renouvellement; pourvoit aux traitements et salaires du personnel; *supporte les pertes*, le cas échéant.

Pour ces motifs, il doit se constituer un fonds de réserve.

Il administre seul l'entreprise à l'aide d'un Con·
seil d administration auquel sont adjoints des repré·
sentants du personnel avec voix consultative.

Pour sa rémunération, il prélève sur les recettes
un intérêt de 4 0/0 des Capitaux engagés : c'est le
loyer ou *salaire* du Capital.

Travail. — Le personnel employé *loue* son travail et reçoit en retour. un traitement ou salaire
équitable, selon l'emploi. (Dans chaque emploi ou
spécialité, il pourrait être créé deux classes, suivant
l'habileté)

Le personnel comprend :

Travail intellectuel : *Agents* (Directeur, ingénieurs,
comptables, employés divers).

Travail manuel : *Ouvriers* (Contre-maîtres, ouvriers, manœuvres).

L embauchage a lieu par les soins et sous la responsabilité du Conseil d'administration qui n'a pas
à motiver son acceptation ou son refus.

Tout agent ou ouvrier peut être congédié pour
incapacité notoire. paresse. inconduite, indélicatesse,
manquements répétés, etc..., après un premier aver-
tissement.

Sur sa part de bénéfices, le Travail doit se constituer une Caisse de prévoyance. Il y a lieu d établir
un règlement pour l'administration de cette caisse.

Répartition des bénéfices. — Les principes
ci-dessus étant admis, la répartition des *bénefices
nets* (c est-à-dire des profits, déduction faite de

l'intérêt du Capital, du montant des salaires et de l'amortissement, s'il y a lieu ; enfin toutes dépenses payées) se fait, en fin d'exercice, comme suit :

3/4 au Capital, dont
- 1/15 au Conseil d'administration
- 1/10 au fonds de réserve, jusqu'à concurrence de 1/5 du Capital social.
- Le surplus, au Capital proprement dit, employé suivant décision Assemblée générale.

1/4 au Travail, dont
- 1/10 au Directeur.
- 1/10 à la Caisse de prévoyance, jusqu à concurrence de 50 fr. par membre.
- Le surplus, au personnel, comme il est expliqué plus loin.

Cette répartition de 3/4 et 1/4 doit s'entendre, au début de l'entreprise, mais quand celle-ci prospère, c'est à dire lorsque le fonds de réserve atteint son maximum et que, d'autre part, le Capital reçoit une rémunération de 8 0/0 (dividende, y compris l'intérêt statutaire de 4 0/0), alors, on peut modifier les proportions et adopter, par exemple, 7/10 et 3/10 (au lieu de 3/4 et 1/4).

Pour la répartition de la part des bénéfices qui revient aux agents et ouvriers dont le travail, il ne faut pas l'oublier, est déjà rémunéré, selon son importance, par un traitement ou salaire *ad hoc*, il y a lieu d'envisager, comme premier élément. d'appréciation, leur *fidélité* à l'entreprise ; en d'autres termes, leur ancienneté dans l'établissement.

Ils sont, à cet effet, partagés en 4 catégories, égalisées suivant l'ordre d'ancienneté, sans distinction aucune d'attributions.

Si, après la division du total de l'effectif par 4, il reste des unités en surplus, on les répartit en renforçant successivement chaque catégorie d'une unité, en commençant par la première En cas de litige, pour la même ancienneté, la préférence est donnée aux plus âgés.

Le 1er quart (composé des plus anciens) reçoit 7/20 du total

2^e	—	—	6/20	—
3^e	—	—	4/20	—
4^e	—	—	3/20	—

Observation. — Suivant l'importance de l'entreprise et l'effectif du personnel, on peut être amené à réduire ou à augmenter le nombre de catégories. Nous proposons, pour ces différents cas, les répartitions suivantes :

Deux catégories : 3/5, 2/5.
Trois   —   9/20, 7/20, 4/20.
Cinq   —   partagés proportionnellement
                    à 3-2,5-2-1,5-1.

Répartition individuelle. — La répartition individuelle de la somme revenant à chaque catégorie est faite au prorata du traitement ou salaire acquis pendant l'exercice. Pour faciliter les calculs, une fois faite la totalisation des salaires pour chaque membre, on négligera les fractions de francs.

En cas de congé (absence autorisée) ou de maladie, le traitement de salaire est réduit de moitié, pendant une période de huit jours. Au delà de cette période, c'est la Caisse de prévoyance qui doit pourvoir aux besoins.

En cas de congédiement, l'agent ou ouvrier reçoit sa part de bénéfice, proportionnelle au temps écoulé depuis le commencement de l'exercice, en prenant pour base du décompte la part de bénéfice qui reviendrait à sa catégorie si l'on arrêtait les comptes à ce moment. Si ce calcul, même approximatif, n'est pas possible, faute de données suffisantes, on pourrait prendre pour base la moyenne des deux ou trois derniers exercices.

En cas de départ volontaire, dans les formes légales, on opère de même.

On pourrait aussi, dans les deux cas, différer ce paiement jusqu'à la clôture de l'exercice ; l'intéressé aurait un délai de trois mois pour le réclamer. Passé ce délai, la somme due serait acquise à la Caisse de prévoyance.

En cas de liquidation, les comptes sont arrêtés au jour fixé, comme en fin d'exercice, et la répartition des bénéfices, s'il y a lieu, est faite suivant les principes énoncés. Le surplus de l'actif reste la propriété du Capital.

La Caisse de prévoyance, de même que le fonds

de réserve, ne donne lieu à partage qu'en cas de liquidation ; le montant est alors ajouté aux bénéfices.

En terminant, nous enregistrons ici, pour mémoires, un autre mode de participation aux bénéfices que nous n'avons pas eu le loisir d'étudier, c'est celui qui repose sur la création d'*actions du travail.*

A. MARNALDI

TABLE DES MATIÈRES

Imp JOUVE et Cⁱᵉ, 15, rue Racine, Paris. — 6036-19